Coleção
Astrologia
Contemporânea

A Astrologia, como linguagem simbólica que é, deve sempre ser recriada e adaptada aos fatos atuais que pretende refletir.

A coleção ASTROLOGIA CONTEMPORÂNEA pretende trazer, na medida do possível, os autores que mais têm se destacado na busca de uma leitura clara e atual dos mapas astrológicos.

Dados Internacionais de Catalogação na Publicação (CIP)
(Câmara Brasileira do Livro, SP, Brasil)

S416n Schulman, Martin, 1941-
v.1-   Os nódulos lunares / Martin Schulman; [tradução de Luiz
       Carlos Teixeira de Freitas, Sônia Maria de Azevedo Thomé]. - São
       Paulo: Ágora, 1987. (Coleção astrologia contemporânea)
       Conteúdo: v. 1. Astrologia cármica.

       ISBN 978-85-7183-261-9

       1. Astrologia 2. Carma I. Título II. Série.

       87-0035   CDD-133.5

Índices para catálogo sistemático:
1. Astrologia   133.5
2. Astrologia cármica   133.5

Compre em lugar de fotocopiar.
Cada real que você dá por um livro recompensa seus autores
e os convida a produzir mais sobre o tema;
incentiva seus editores a encomendar, traduzir e publicar
outras obras sobre o assunto;
e paga aos livreiros por estocar e levar até você livros
para a sua informação e o seu entretenimento.
Cada real que você dá pela fotocópia não autorizada de um livro
financia o crime
e ajuda a matar a produção intelectual de seu país.

OS NÓDULOS LUNARES
Astrologia Cármica – I

Martin Schulman

Do original em língua inglesa
THE MOON'S NODES AND REINCARNATION: KARMIC ASTROLOGY
Volume 1, by Samuel Wieser, Inc. York Beach, ME, USA.
Copyright © 1975 by Martin Schulman
Direitos desta tradução adquiridos por Summus Editorial

Direção da coleção: **Fauzi Arap**
Tradução: **Luiz Carlos Teixeira de Freitas /
Sônia Maria de Azevedo Thomé**
Revisão da tradução: **Denise Maria Bolanho / Fauzi Arap**
Desenho da capa: **Alden Cole**

Editora Ágora
Departamento editorial:
Rua Itapicuru, 613 - 7º andar
05006-000 - São Paulo - SP
Tel.: (11) 3872-3322
Fax: (11) 3872-7476
http://www.editoraagora.com.br
e-mail: agora@editoraagora.com.br

Atendimento ao consumidor:
Summus Editorial
Tel.: (11) 3865-9890

Vendas por atacado:
Tel.: (11) 3873-8638
Fax: (11) 3872-7476
e-mail: vendas@summus.com.br

Impresso no Brasil

A uma nova Astrologia — aquela que observa e entende o Homem através da janela de sua alma.

Àquelas pessoas muito especiais, cuja dedicação incansável tornou este livro possível.

A Robert J. Siegel, que me deu as primeiras noções; a Lorraine Johanesson, cujo esforço silencioso clareou o Caminho; a Laura Schwerdtfeger, cuja fé inabalável moveu todas as montanhas.

A todos os meus alunos, cuja sede insaciável de conhecimentos continua a servir de inspiração sem fim.

A meus dois guias de luz, Rochelle e Penny.

Índice

APRESENTAÇÃO DA EDIÇÃO BRASILEIRA 9

CAPÍTULO I — REENCARNAÇÃO E CARMA 11
Parte I — O que Sabemos Sobre Reencarnação, 11. Parte II — A Lei do Carma, 16. Parte III — A Vida Sob a Lei do Carma, 18.

CAPÍTULO II — A ASTROLOGIA DA REENCARNAÇÃO 21
Parte I — Os Elos do Tempo, 21. Parte II — O Nódulo Sul ou a Cauda do Dragão, 22. Parte III — O Nódulo Sul, Seu Calcanhar de Aquiles, 23. Parte IV — O Nódulo Norte, 24.

CAPÍTULO III — OS NÓDULOS LUNARES NOS SIGNOS 27
Nódulo Norte em Áries/Nódulo Sul em Libra, 27. Nódulo Norte em Touro/Nódulo Sul em Escorpião, 29. Nódulo Norte em Gêmeos/Nódulo Sul em Sagitário, 31. Nódulo Norte em Câncer/Nódulo Sul em Capricórnio, 34. Nódulo Norte em Leão/Nódulo Sul em Aquário, 36. Nódulo Norte em Virgem/Nódulo Sul em Peixes, 39. Nódulo Norte em Libra/Nódulo Sul em Áries, 42. Nódulo Norte em Escorpião/Nódulo Sul em Touro, 45. Nódulo Norte em Sagitário/Nódulo Sul em Gêmeos, 47. Nódulo Norte em Capricórnio/Nódulo Sul em Câncer, 49. Nódulo Norte em Aquário/Nódulo Sul em Leão, 52. Nódulo Norte em Peixes/Nódulo Sul em Virgem, 53.

CAPÍTULO IV — OS NÓDULOS LUNARES ATRAVÉS DAS CASAS 57
Nódulo Norte na Primeira Casa/Nódulo Sul na Sétima Casa, 57. Nódulo Norte na Segunda Casa/Nódulo Sul na

Oitava Casa, 58. Nódulo Norte na Terceira Casa/Nódulo Sul na Nona Casa, 60. Nódulo Norte na Quarta Casa/ Nódulo Sul na Décima Casa, 63. Nódulo Norte na Quinta Casa/Nódulo Sul na Décima-Primeira Casa, 65. Nódulo Norte na Sexta Casa/Nódulo Sul na Décima-Segunda Casa, 68. Nódulo Norte na Sétima Casa/Nódulo Sul na Primeira Casa, 70. Nódulo Norte na Oitava Casa/Nódulo Sul na Segunda Casa, 73. Nódulo Norte na Nona Casa/Nódulo Sul na Terceira Casa, 75. Nódulo Norte na Décima Casa/Nódulo Sul na Quarta Casa, 78. Nódulo Norte na Décima Primeira Casa/Nódulo Sul na Quinta Casa, 80. Nódulo Norte na Décima-Segunda Casa/Nódulo Sul na Sexta Casa, 83.

CAPÍTULO V — ASPECTOS COM OS NÓDULOS 87
Conjunções ao Nódulo Sul, 87. Conjunções ao Nódulo Norte, 87. Recepção Mútua, 88. Conjunções aos Dois Nódulos, 88. Quadratura aos Nódulos, 88. Trígonos ao Nódulo Sul, 89. Trígonos ao Nódulo Norte, 89.

CAPÍTULO VI — DESCRIÇÃO DA CARTA NATAL 91
Edgard Cayce, 91. Robert Redford, 94. Christine Jorgenson, 97. Martin Luther King, 100. Paramahansa Yogananda, 103. Mahatma Gandhi, 106.

ALEGORIA 109

CONCLUSÃO 113

APÊNDICE: Posições do Nódulo Lunar Norte 115

Apresentação da Edição Brasileira

A primeira vez que tive nas mãos o livro de Martin Schulman sobre os nódulos, me impressionou mal o tom místico das primeiras páginas, pois desconfiei que poderia mascarar afirmações gratuitas ou tendenciosas do autor.

Mas, para minha surpresa, ele acabou se tornando meu livro favorito e aquele que conseguiu ordenar os conhecimentos que eu já vinha acumulando sobre astrologia.

E isso é fácil de explicar. Os nódulos, sendo pontos que simbolizam não um corpo celeste qualquer, mas a *relação* entre Terra, Lua e Sol, talvez os três pontos mais importantes de um mapa astrológico, associáveis (entre outras coisas) ao corpo, mãe e pai físicos do indivíduo, acabam por revelar o projeto de vida daquele ser, de onde ele vem e para onde vai (ou, pelo menos, deve ir). Um leitor cético, se quiser, poderá mesmo traduzir por hereditariedade aquilo que o autor atribui a outras encarnações, sem prejuízo para a interpretação prática dos dados contidos no livro, para a análise psicológica que estiver fazendo.

Sem dúvida, a dificuldade inicial que se apresenta diante de uma carta astrológica, tantos os dados presentes, é a tentativa de buscar um sentido e uma síntese de toda aquela massa de informações. Como se fossem um vetor matemático, os nódulos lunares organizam a leitura revelando as tendências inconscientes do indivíduo (nódulo sul), apontando também a direção para a qual ele deve crescer e desenvolver-se (nódulo norte) e acabam se constituindo num critério seguro de discernimento na avaliação do que é mais positivo para aquele sujeito em particular. E as tendências marcadas pelo nódulo sul poderão ser vistas como as que espontaneamente afloram no indivíduo na primeira metade da vida, assim como o nódulo norte indica a vocação ignorada que ele persegue, explicando as barreiras e obstáculos que o induzem a caminhar naquela direção.

Não foi por acaso que escolhemos o livro de Martin Schulman para abrir nossa coleção.

A astrologia contemporânea ocupa um espaço eqüidistante entre Jung e a psicanálise, por um lado, e os ensinos espiritualistas e esotéricos, por outro, sem preconceitos. E tenta realizar uma síntese objetiva das informações que nos foram legadas por nossos antepassados, buscando atualizar a linguagem para nossa época presente, desvestindo-a de quaisquer preconceitos, moralismos ou superstições. Assim, hoje ela se aproxima mais da postura de um psicanalista do que da de um guru.

Para a astrologia cármica, na verdade, interessa decifrar por que a personalidade é — quase sempre — prenhe de hábitos e tendências inatos, que se revelam na prática como comportamentos mais ou menos mecânicos, que mais aprisionam o indivíduo, do que o liberam. Ainda, ele traz a contribuição de revelar o significado da luta contra tais tendências, para resgatar uma liberdade real diante do significado da vida e do "destino". O fatalismo ou a fatalidade estaria mais na aceitação passiva da chamada realidade, do que no reconhecimento de tais tendências e num processo de conquista e desidentificação delas, para o resgate pleno da autoconsciência de si mesmo em toda a sua plenitude como indivíduo no exercício de sua liberdade.

Conseguir compreender e discernir no mapa o que é uma real espontaneidade conquistada, daquilo que simplesmente segue uma linha mecânica de menor esforço, e que significa uma postura reacionária e apegada ao conforto do passado, é uma das principais contribuições trazidas pela astrologia cármica presente em nossa coleção nos quatro livros de Martin Schulman.

Fauzi Arap
outubro de 1986

CAPÍTULO I

REENCARNAÇÃO E CARMA

Parte I — O que Sabemos Sobre Reencarnação

A mística sobre a reencarnação tem sido, por séculos, objeto de fascinação para a mente curiosa. Desde praticamente o começo dos tempos o homem tem cogitado sobre a possibilidade de a vida ser um tecido contínuo, no qual o processo de vida e morte são somente fases que evoluem de um estágio da existência para outro.

Toda vida é mudança e toda mudança é vida, mas vida eterna é o que os Mestres da Antiguidade prometiam e neste reino da vida eterna tudo muda — embora nada se altere...

O que é realmente a existência humana? É ela a vida física do Homem, suas façanhas e realizações, os princípios pelos quais ele luta, ou há algo mais sutil ainda que cria e recria a vida humana?

Nossos sentidos podem facilmente nos enganar, já que neste exato momento você acredita que a página que está lendo é real. Mas a verdade real existe através das mansões do tempo e do espaço, e houve um tempo no qual esta página não existia e haverá um tempo, no futuro, no qual ela deixará de existir.

Você pode medir esta página com uma régua e descobrir que ela não é menor nem maior do que um número qualquer que o Homem inventou. E, talvez, nem o tempo nem o espaço possam mostrar toda a verdade desta página...

Foi o pensamento criativo e criador que deu existência a esta página em termos de energia focalizada, para permitir sua existência física. O pensamento criará muitas outras páginas e quando todas tiverem deixado de existir, o conceito das páginas criará outras mais ainda.

Um maravilhoso *design* arquitetônico é apenas tão real quanto o pensamento que o criou, já que em determinado ponto do espaço e

11

do tempo a estrutura simbólica deixará de existir, mesmo que o pensamento que criou a arquitetura continue por toda a eternidade. O vidente Nostradamus escreveu muitas páginas físicas, inúmeras das quais estão agora destruídas ou perdidas; entretanto, o pensamento daquelas páginas ainda está vivo entre nós. Assim é a substância da vida eterna.

A idéia do eu é o eu real; não o eu visto por amigos, parentes ou vizinhos. O eu real não é o corpo físico, já que não se aceita jamais que seus efeitos terminem na fronteira delimitada pela pele.

O tempo não existia quando Você não existia e cessará de passar quando Você deixar de existir; mas partes de Você mudarão, já que durante sua vida eterna Você passará por transformações e mais transformações à medida que sua alma viaje rumo à perfeição.

Podemos perceber mudanças deste tipo na beleza simples de uma história da Natureza. Duas lagartas amigas viveram muito tempo juntas; um dia uma delas morreu e sua leal e verdadeira amiga iniciou um longa vigília de tristeza junto ao corpo da que havia morrido. Após muitos e muitos dias de luto e mágoa, a lagarta viu uma borboleta ao seu lado.

— Por que você chora?, perguntou a borboleta.

— Porque perdi minha amiga..., respondeu a lagarta.

Então, em sua beleza e esplendor, a borboleta orgulhosamente disse:

— Mas eu sou a sua amiga!

Para a lagarta, reencarnação era algo difícil de entender, mas para a borboleta era um fato pois ela transcendera uma forma física em outra, sem perder com isto sua verdadeira essência no processo.

No Egito Antigo os corpos das almas que se evolavam eram sepultados com seus bens mais queridos, de forma a ficarem confortáveis em sua futura jornada. Na Índia, por muitos anos os corpos eram cremados para que a alma saísse das cinzas direto para Brahma; mais recentemente, os corpos dos hindus eram deixados como repasto para as aves, pela certeza de que a estrutura física era somente o templo que abrigava a alma.

Os índios norte-americanos sabiam muito sobre a vida eterna. A batalha entre os Sioux e as tropas do General Custer em Little Big Horn indica que a vida após a morte é mais do que uma possibilidade: é um fato. O afamado chefe índio Sioux, Touro Sentado, em sua época possuidor de poderes que hoje seriam chamados de paranormais ou mediúnicos, praticava projeções de corpo astral regularmente, assim como exibia outros talentos que hoje em dia são próprios de um médium.

Por ocasião da batalha de Little Big Horn, Touro Sentado estava a muitas milhas de distância, realizando suas curas "estranhas", mas foi sua acurada profecia dos detalhes da batalha que lhe renderam as maiores honras. Nos anos que se seguiram à batalha, Touro Sentado a discutiu somente com seus chefes de guerra de maior confiança. E, por relato destes chefes, tivemos a mais fascinante prova de como este grande místico Sioux foi ocultamente até o campo de batalha para, ao lado do corpo caído do general norte-americano, realizar certas práticas; foi então que o espírito de Custer se manifestou a Touro Sentado e, por alguns momentos, palavras foram trocadas entre os dois.

O espírito de Custer preveniu Touro Sentado de que um homem branco o atraiçoaria cerca de quinze anos depois, sem que o chefe índio pudesse saber exatamente quando ou como e sem que pudesse impedir. Seria o primeiro ato de uma grande peça ainda por acontecer.

"O homem branco invadira a terra inteira e nem você nem mesmo o Grande Espírito poderão bloquear esta ocupação e o banho de sangue que se seguirá. Nós dois somos apenas um ato nesta peça e fomos exatamente o que devíamos ter sido. Em menos de quinze anos estaremos do mesmo lado. O homem branco só se preocupa com o homem branco e chegará o dia em que ele tentará eliminar todos os homens não-brancos da face da Terra. Guarde em seu coração estas minhas palavras, pois falo a verdade, eu e você já fomos um dia irmãos e o seremos de novo algum dia. Alivie-se de sua angústia, pois o homem é um lobo furioso espreitando e acuando sua vítima desde o começo até o fim dos tempos; mas eu e você somos mais do que homens tal como os homens supõem. Vá agora e fique com sua gente. Eles precisam de você mais do que nunca. Eu estarei com você muitas vezes, quando você acender à noite o seu cachimbo e estarei com você nas suas últimas horas, assim como você está comigo agora aqui." *

Quando a conversa terminou, Touro Sentado cobriu a face fria de Custer com o lenço de seda que uma vez o general norte-americano havia lhe presenteado.

Durante os anos seguintes Touro Sentado repetidamente lembrou-se da noite com o General Custer e em muitas ocasiões falou do acontecimento a alguns de seus chefes mais próximos. Quatorze anos e sete meses mais tarde a surpreendente profecia se reali-

---

* N. A. — Quando eu escrevia esta página a sala inteira foi preenchida pelo espírito de Touro Sentado. Por mais de uma hora fiquei em transe, enquanto telepaticamente ele me comunicava as exatas palavras do que havia sido dito há mais de um século.

zou, quando Touro Sentado foi assassinado por agentes do Governo Federal em Standing Rock.

Três dias depois de ter sido morto quando dormia tranqüilamente em sua cabana, um grupo de índios Sioux que retornava de uma cerimônia o viu reaparecer nas montanhas, numa cena que nos faz lembrar a reaparição de Jesus Cristo.

Este incidente espantoso pode ser folclore, tanto quanto muitos fatos semelhantes já registrados no mundo inteiro. Aparições sob a forma de espírito têm sido registradas desde o começo dos tempos em todas as partes do mundo e em todas as culturas. Homens ouvem vozes, recebem mensagens, vêem formas espirituais e, em alguns casos, até mesmo têm contato com suas vidas passadas.

O cético poderá atribuir muitas destas manifestações a mentes desequilibradas, mas em muitas ocasiões a prova de outras formas de vida é tão substancial que mesmo a mente mais crítica deve se deter e refletir. Particularmente, nos casos em que as explicações científicas e médicas falham, o processo da vida eterna pode ser visto não apenas como plausível mas, de fato, como a única explicação lógica.

Sabemos de bebês que nascem com personalidades definidas, exibidas claramente já nos seus primeiros dias de vida. Muito freqüentemente, essas personalidades são completamente distintas, mostrando características únicas e inexplicavelmente contrárias a sua linhagem hereditária conhecida.

Na Índia já se registraram casos de crianças capazes de falar dialetos estrangeiros completamente diferentes daqueles aprendidos em casa, com sua família.

Em um caso, uma menina hindu começou a afirmar agressivamente a sua mãe que ela não era sua verdadeira mãe. Este estranho comportamento persistiu por algum tempo, até que a família resolveu procurar auxílio profissional. Uma equipe de médicos, psicólogos e parapsicólogos foi chamada para determinar as causas do comportamento aparentemente irracional da garota; depois de muita insistência a menina explicou que seus pais não eram aqueles e que aquela não era sua casa. Ela insistia em que havia vivido em uma casa amarela em uma colina de outra cidade e que no seu quarto havia um esconderijo de dinheiro sob o soalho. Ela descreveu a casa perfeitamente e, tendo sido levada até lá tempos depois, fez com que todos subissem ao andar superior, onde, sob o soalho de um quarto localizou o esconderijo. Antes de chegar à casa ela havia descrito as cortinas, os móveis e o homem que nela vivia.

A casa havia sido repintada, mas tinha sido amarela como a descrita pela menina. O homem que ali residia havia ficado viúvo e foi estabelecido que, de fato, a menina era a reencarnação de sua falecida esposa, pois tanto a menina como o homem (na vida passada) reconheceram-se mutuamente. Finalmente, não houve dúvidas para os médicos, psicólogos e parapsicólogos de que esta menina de nove anos de idade estava falando a verdade. O amor entre as duas almas deve ter sido tão grande que a garota se sentia atraída por suas antigas circunstâncias.

De tempos em tempos, vemos casos de extremo talento inato. Mozart, por exemplo, deu seu primeiro concerto aos quatro anos de idade, superando de longe qualquer conhecimento musical que pudesse ter obtido em seus primeiros anos de vida. A única causa plausível de um conhecimento musical desta grandeza é que ele foi desenvolvido através de muitas vidas e atingiu seu ponto máximo de expressão naquela encarnação.

Seria difícil explicar que um talento como o de Michelângelo possa ter-se desenvolvido em apenas uma vida.

Talentos naturais como estes, que você pode exercer espontaneamente sem ter aprendido antes, são usualmente o resultado de um trabalho feito antes da presente encarnação. Veja o caso de Edgard Cayce, nascido com o dom da clarividência e percepção extra-sensorial. Um dia, quando jovem, tinha que ler um livro para suas tarefas escolares; entretanto, dormiu utilizando o livro como travesseiro. Acordado bruscamente por seu pai, que o queria punir por não estar estudando, o jovem Cayce explicou: "Eu sei o que está escrito no livro, eu o conheço inteiro."

E quando foi testado por seu pai, que resolveu questioná-lo sobre o conteúdo da obra, Cayce respondeu a cada pergunta minuciosamente, como se de fato tivesse lido todas as páginas do livro. De onde veio este talento?

Na área de fobias que teimosamente resistem a todas as formas de tratamento psiquiátrico, muitas vezes encontramos as razões destes medos extremos profundamente entranhadas na alma da pessoa, permanecendo como um resíduo mesmo quando o indivíduo nem se lembra conscientemente o por que de seus temores. Tudo o que detona medos deste tipo são formas de impressão sensorial que fazem lembrar memórias inconscientes de uma encarnação passada, durante a qual houve razões lógicas e adequadas para o medo que agora se manifesta. Na memória da alma estão gravadas as cenas de todos os eventos que a pessoa já viveu em vidas passadas; eventos que detonam estas lembranças fazem com que elas ganhem força e afetem a pessoa em sua presente encarnação.

Sem um real entendimento da reencarnação, muito da moderna psicologia tenta tratar pacientes que apresentam este tipo de medo através do que é chamado de "dessensibilização". Acredita-se que dessensibilizando a pessoa esta atinge um estado de menor reação aos estímulos. Obviamente, o preço a ser pago pode ser a dessensibilização generalizada do paciente a todo e qualquer estímulo, em vez de eliminar aqueles poucos que foram selecionados para o trabalho e que pertenciam diretamente aos medos manifestados.

Quando entendemos como a pessoa lida com a dimensão do tempo, conseguimos a primeira chave para entender por que medos e fobias são tão difíceis de superar. Parece razoável supor que hábitos de vida mantidos por duas ou três vidas sucessivas podem facilmente levar um psicólogo a despender quatro ou cinco anos de tratamento para obter algum progresso.

No desejo inconsciente de uma vida melhor, as pessoas têm a forte tendência de comprimir o tempo. Essencialmente, um problema crônico de uma vida passada, que pode ter durado trinta ou quarenta anos, quando despertado na vida atual (como resíduo) por um evento ou uma percepção inconsciente, surge com força bastante grande, resultado da compressão anterior e da revivescência atual em um período de tempo muito mais curto; assim, as emoções da pessoa são hiperativadas, muitas vezes exteriorizando-se de forma desproporcional aos estímulos reais de vida presente. Da mesma forma, traumas graves de vidas passadas tendem a ser tão dolorosos para a memória da alma que a pessoa busca evitar ao máximo, em sua vida atual, entrar em contato com estas áreas de experiência: ela sabe, inconscientemente, que um evento atual poderá detonar a lembrança e o medo ou desconforto que a acompanham. Afinal, parece lógico que uma pessoa que teme alturas possa ter morrido de uma queda em alguma vida passada.

Com base em todos os casos com os quais lidei até hoje as indicações mostram que estas qualidades, sejam elas boas ou más, quando exibem uma integração mínima com o resto da vida atual, são lembranças ou resíduos de uma encarnação passada.

Pense em todas as questões que você já se fez e que você nunca pôde responder. Onde estarão as respostas?

Parte II — A Lei do Carma

Sir Isaac Newton uma vez escreveu que "para toda ação há sempre uma reação igual e contrária". O grande mestre Buda nos ensinou que "Você é aquilo que pensa, tendo se tornado o que pensou no passado."

Em essência, ambas as afirmações dizem a mesma coisa — para cada causa há um efeito e vice-versa.

Eis a Lei do Carma.

Todo pensamento que você tem fica impresso na substância eterna do Universo, de forma a se manifestar como um efeito no mundo físico. Às vezes o efeito se produz alguns momentos após sua causa e então podemos perceber como causa e efeito estão interligados, assim como podemos perceber imediatamente o efeito de uma pedra jogada no lago e as ondas de energia que imediatamente se formam. Outras vezes, no entanto, o efeito somente se manifesta anos após a causa, tornando-se extremamente difícil perceber a relação entre ambos. Mas, mesmo assim, as estações se sucedem umas após outras. Sempre o verão sucede à primavera. Sempre o pé direito segue o esquerdo. Nunca o Homem chega a algum lugar sem ter vindo de um outro.

Cada dia é o resultado do dia anterior, assim como o hoje é a semeadura da árvore do amanhã. Cada pensamento é o resultado do pensamento que o precedeu, da mesma forma que cada vida é mais um círculo concêntrico na árvore da vida eterna. Em cada encarnação, faça você o que fizer, vá onde for, pense você o que pensar; o que você faz é somente encontrar-se a si mesmo! Cada experiência de vida o ajuda a refinar o seu ser, constantemente, evoluindo para a mais perfeita expressão de sua alma.

Assim é a Lei do Carma.

Na Bíblia se lê, "Não se iluda, Deus não é enganado... O que o Homem semeia ele irá colher." Aqueles que riem devem aprender a chorar, para que os que choram possam aprender a sorrir. Em cada lágrima e cada sorriso enquanto você se aproxima mais de seu ser novo carma é criado para o seu futuro.

A alma expande continuamente sua consciência através da soma de experiências vividas, até que não seja mais necessário encarnar em um corpo físico. Antes do nascimento sua alma escolheu as almas que seriam os seus pais, definiu a religião na qual você seria criado e selecionou a vizinhança junto à qual você nasceria. Além disso, determinou e programou todas as experiências de vida que você teve e terá, em justaposição, incluindo cada caminho escuro em que você tropeça até encontrar o caminho da verdade.

À medida que seus passos se tornam mais leves através da vida, o mesmo ocorre com o peso de seu carma. Mas mesmo o processo de encontrar o próprio ser não pode ser apressado, já que alguém que anda na ponta dos pés sempre está instável e inseguro.

O Homem está constantemente procurando o caminho de seu lar e define seu estado de felicidade através de sua segurança quanto a estar ou não trilhando seu próprio caminho. Esteja ele indo para onde for, ele estará sempre indo para casa e suas lições cármicas

17

são o mapa completo de sua estrada, com sinalização de parada, de obstáculos e de retorno que deve ser seguido para que ele possa atingir o estado de perfeição em que se torna novamente uno com o Puro Espírito.

Parte III — A Vida Sob a Lei do Carma

Em seu livro *Sayings of Yogananda*, o grande místico hindu Paramahansa Yogananda explica a reencarnação e o carma com estas palavras: "Mestre, eu estou consciente desta vida presente. Por que não posso ter consciência de encarnações passadas nem conhecimento prévio da existência futura?", perguntou um discípulo. Ao que o Mestre respondeu: "A vida é como uma grande cadeia no oceano de Deus. Quando uma parte deste encadeamento emerge, você vê somente esta pequena parte; o início e o término estão escondidos. Nesta encarnação você vê apenas algumas das ligações do encadeamento da vida, ficando o passado e o futuro, invisíveis, nas profundezas de Deus. Ele revela seus segredos àqueles que estiverem em sintonia com Ele."

Embora muitos de nós não tenhamos lembranças conscientes de vidas passadas, nós não só estamos vivendo os efeitos do que provocamos naquelas vidas como são aquelas mesmas causas que provocaram que nascêssemos todos diferentes uns dos outros.

Não devemos confundir a crença de que "todos os homens foram criados iguais" com a suposição de que "todos os homens nascem iguais". Todos sabemos que uma criança nascida com um defeito de nascimento não poderá esperar ter o mesmo estilo de vida e as mesmas oportunidades que uma criança saudável. Uma criança nascida numa favela não poderá esperar as mesmas experiências que uma criança nascida numa família de classe média.

Quando entendemos que o conceito básico de que todo homem é criado igual a cada homem é verdade no que se refere apenas ao Homem enquanto entidade, alma e criação original, entendemos que o que ele faz com esta igualdade, à medida que se move pela vida, é inteiramente de sua responsabilidade e livre-arbítrio. Naturalmente, o que ele faz com isto determinará os níveis de evolução que sua alma atingirá, assim como quando estes níveis serão atingidos.

Duas pessoas diferentes, confrontadas com os mesmos eventos ou circunstâncias reagirão e se comportarão de maneira diferente: um, por exemplo, tentando fugir ao evento e outro enfrentando-o para lidar positivamente com este desafio cármico e suas possibilidades. O primeiro indivíduo deverá viver repetidamente tal tipo de evento ou circunstância, enquanto o segundo poderá seguir para outro conjunto de novas lições. Conforme os dias passem, sob a forma de meses, anos ou vidas inteiras, o segundo indivíduo deste exemplo será elevado a níveis superiores de carma mais rapidamente, enquanto o primeiro se verá às voltas com as mesmas lições cármicas elementares durante uma eternidade de vidas.

Imagine crianças em uma sala de aulas no início de um ano letivo. Todas começam com novos livros, roupas novas, lápis apontados e belas e limpas lancheiras. Todas vêm para as aulas parecendo iguais, mas todas terminam o ano de maneira muito diferente. Em poucas semanas algumas delas estragaram cadernos, perderam lancheiras e nunca fizeram lição de casa, enquanto outras até já se engajaram em programas extracurriculares que as levarão a níveis mais altos de aprendizado e crescimento durante o período letivo.

Quando o próximo ano se iniciar, a mesma história se repetirá, pois os alunos não são iguais no começo e se mostram mais diferentes ainda no final do ano. E o professor que olhar objetivamente para a turma inteira poderá perceber facilmente os diferentes níveis que cada aluno está atingindo.

O começo do ano escolar é muito semelhante ao começo da vida; sempre diferente no início e sempre preenchido com diferentes lições futuras para cada indivíduo em separado.

Afinal, nem sempre o que é bom para uma pessoa é necessariamente bom para outra.

Conforme seus olhos cobiçam o verde do jardim do vizinho, Deus sorri e diz:

"Ah, mas eu tenho algo melhor guardado para você, embora você possa achar que não, se ficar tentando realizar as lições de seu vizinho."

Embora todos nós vivamos sob a mesma lei cármica, cada um está num degrau diferente da escada da perfeição. Cada passo é uma fase diferente, sendo a mais importante de todas a que nos envolve a cada momento. Sempre como conseqüência de todos os passos que nos trouxeram ao nível da escada em que estamos agora.

Cada um dos passos superados foi uma encarnação passada e devemos estar todo o tempo seguros de que cada parte da escada que nos ampara e eleva está firme e estável. Porque é mais perigoso correr escada acima, se ela balança, do que lutar em cada degrau inferior até torná-los seguros.

CAPÍTULO II

A ASTROLOGIA DA REENCARNAÇÃO

Parte I — Os Elos do Tempo

Aceita-se, geralmente, na comunidade astrológica atual, que os Nódulos Lunares representam as principais chaves para o entendimento de cada vida como parte de um tecido contínuo. Muitos astrólogos acreditam que os Nódulos Lunares têm até mais importância do que o resto da carta natal. Para um conhecedor experimentado, a interpretação do Sol, da Lua e das posições dos Nódulos Lunares podem revelar toda a vida da pessoa.

De um lado, esses Nódulos Lunares revelam a trilha de desenvolvimento da alma na vida atual, enquanto o resto da carta natal adiciona informações sobre como você está percorrendo esta jornada. É através dos Nódulos Lunares que a astrologia ocidental se capacita a relacionar esta ciência divina como conceito hindu de reencarnação.

Os Nódulos Lunares representam a relação de causa e efeito através da qual você dirige sua vida; eles são a diferença entre a astrologia comum e a astrologia espiritual.

Aqui nós encontramos os primeiros indicadores do porquê do resto da carta estar se manifestando da forma que está; a personalidade e a vida do indivíduo têm efetivamente muito pouco sentido se vistos fora de um contexto mais amplo. Os Nódulos Lunares colocam o indivíduo em seu caminho cósmico ao mesmo tempo em que definem as lições cármicas que ele escolheu para receber nesta vida. Então, as suas provações e problemas começam a fazer um novo sentido, quando vistos como capítulos correlacionados dentro da história de contínuo crescimento da alma.

A pessoa nunca está à parte do mundo mas, ao contrário, é sempre uma importante parte da evolução do mundo. Tudo o que ela pensa e faz é, em última instância, uma contribuição cármica ao desenvolvimento de sua alma que, por sua vez, atingindo o nirvana, contribui para o mundo que ela ajudou a criar.

Sempre o Homem quer saber por quê. E ele sempre volta à idéia de causa e efeito como resposta a suas questões. A posição dos Nódulos Lunares liga o Homem ao seu passado e indica o caminho de seu futuro. Quando o Homem consegue estabelecer firmemente as raízes de seu passado ele começa a experimentar uma linha de continuidade que o deixa mais seguro para caminhar rumo ao futuro.

Os Nódulos Lunares são como pólos magnéticos da alma, um vindo do passado e outro rumando para o futuro. O processo a que chamamos vida mescla estes dois extremos de forma a permitir a felicidade do indivíduo, já que a presente encarnação é um símbolo de sua transição do passado ao futuro.

Parte II — O Nódulo Sul ou a Cauda do Dragão

O Nódulo Sul simboliza o passado do Homem. Veja: não é apenas o símbolo de uma encarnação passada; é, antes, uma combinação de eventos, idéias, atitudes e pensamentos de todas as encarnações anteriores cujos efeitos acumulados e não-resolvidos deram origem à vida atual.

Os padrões de comportamento mais profundamente arraigados do indivíduo se encontram aqui como resultado de centenas ou milhares de anos de trabalho sobre si mesmo. O indivíduo médio pouco pode fazer em sua vida atual para alterar significativamente o balanceamento de tantos anos de treinos e hábitos; por esta razão, as pessoas tendem a permanecer em seu Nódulo Sul como no seio de uma confortável família. Na verdade o seu passado que é, inconscientemente, bastante familiar. A casa que elas constroem para si mesmas nesta vida podem somente apoiar-se sobre as fundações que elas já construíram em outras vidas.

Para alguns o Nódulo Sul pode ser limitador, enquanto para outros, cujas fundações no passado são firmes e amplas, este Nódulo pode ser exatamente o motivo que traz à vida atual a fruição da realização.

Assim como quando um novo Presidente entra no Palácio do Governo de alguma forma é restringido por pronunciamentos e decisões tomadas em sua vida política passada, assim também você é presidente de sua atual encarnação mas sua atuação passada e seus pronuncimentos são a base concreta que pode facilitar ou dificultar seus passos, de acordo com seu registro cármico.

Parte III — O Nódulo Sul, seu Calcanhar de Aquiles

O ponto potencialmente mais fraco de qualquer carta natal é o Nódulo Sul, já que ele representa as pegadas que deixamos atrás de nós. A despeito de quais caminhos tenhamos escolhido para a vida atual, este Nódulo Lunar sempre nos apresenta resíduos cármicos que ainda restam. Nós constantemente miramos o futuro e raramente paramos para examinar os efeitos de tudo que criamos, até que estes efeitos apareçam indistintamente frente a nós, em nosso caminho. Sempre, de alguma forma, os caminhos que percorremos ainda estão aí simbolizando os hábitos de vidas passadas e, para muitos, eles apontam o mais evidente caminho de menor esforço.

De fato, os traços mais negativos de um indivíduo são aqueles que por centenas ou milhares de anos a pessoa deixou fermentando em sua alma, tentando, até agora, reunir os fragmentos de seu passado enraizado na esperança de que estes fragmentos possam formar a fundação de seu futuro.

Muito freqüentemente o passado envolve a pessoa numa curiosa fascinação, hipnotizando-a e como que fazendo-a retornar a velhas formas de comportamento, com o que se esquece as razões por que se deve pesquisar o passado, terminando por revivê-lo na existência atual, antes de se servir dele apenas como meio para o objetivo final desejado. O Nódulo Sul pode ser areia movediça: segura o suficiente para permitir uma olhada para trás, desde que não se caminhe naquela direção. É quase certo que um passo no sentido do Nódulo Sul mergulhe o indivíduo na revivência de memórias tão densas, das quais ele pode levar anos — necessitando também da ajuda de muitas pessoas — para conseguir sair fora outra vez.

É interessante notar que a curiosidade do Homem, que é um de seus grandes atributos, pode também ser sua maior inimiga, pois se rápidos *flashs* do Nódulo Sul penetram em sua mente consciente, sua própria curiosidade insaciável faz com que ele retorne e volte atrás para buscar mais. Então, para acertar-se com seu passado, ele busca mais do que mera compreensão intelectual: desejando senti-lo intuitivamente, relacionar-se com ele emocionalmente, ver, tocar e perceber a realidade de seu passado, o indivíduo, inadvertidamente, torna-o a realidade do seu presente!

Então, sem saber, ele se projeta em uma outra zona de tempo. Seu computador, na verdade, foi "reprogramado", mas esta "reprogramação" é tão sutil que ele não a percebe até que as advertências daqueles que com ele convivem o chamam para a realidade de um comportamento de algum modo inadequado para a sua vida atual e real.

23

Em outras palavras, o Nódulo Sul existe para ser usado como banco de memória de níveis já vividos, mas a menos que existam fortes conjunções planetárias a ele, o indivíduo deve mover-se adiante — sempre se apoiando em seu passado mas nunca se detendo nele...

Parte IV — O Nódulo Norte

O Nódulo Norte é o símbolo do futuro. Ele representa uma nova experiência ainda não tentada. Para o indivíduo, este é o novo ciclo que ele vislumbra. Provocando apreensões pelo desconhecido e pelo risco das novas experiências ainda não tentadas, esta posição nodal exerce uma curiosa atração magnética, puxando a alma para seu futuro crescimento.

Aqui a Divina Providência está tentando algo novo, para o que o indivíduo recebe muita ajuda por seus esforços. Nos níveis mais profundos de seu ser o indivíduo sente um direcionamento que o incita a cumprir seus objetivos frente a quaisquer obstáculos. De fato, esta posição nodal é como uma cornucópia cheia de promessas e tesouros, oferecendo um benefício após outro à medida que cada obstáculo é transformado em ponto de apoio ao futuro crescimento.

O Nódulo Norte simboliza a área de expressão mais elevada a ser atingida na vida atual e, portanto, deve ser interpretado através das mais altas qualidades do signo e da casa onde estiver localizado na carta natal. As experiências novas parecem solitárias no início, posto que o indivíduo ainda está inseguro de seu próprio caminhar; mas breve ele começa a perceber que seus testes de coragem apresentam muito sentido, que ele deve enfrentar sozinho no núcleo de seu ser, onde cada nova aventura o revela como personagem único vivendo sua própria experiência singular. E a novidade extrema de tudo produz uma fascinação peculiar na pessoa.

Sempre que ele vê a sua frente algo como a proverbial cenoura, posta à frente do burro para que este caminhe, a cada vez que ele pensa tê-la atingido e suas mais elevadas possibilidades se mostram visíveis, mais e mais tem que caminhar, atravessar mais testes e apresentar um crescente desejo de seguir à frente. Mas o Homem não atinge seu Nódulo Norte enquanto não aprende a se desprender de seu passado, pois este passado representa os grilhões de sua prisão cármica.

O novo ciclo do Nódulo Norte é um novo problema ainda por resolver: é o descontentamento do Homem com os modos antigos e ineficientes de viver que utilizava em seu passado, somado ao grande desejo de descobrir e explorar os maiores potenciais de seu futuro.

A cada novo passo dado ele começa a se sentir melhor consigo mesmo; sua vida adquire novo significado à medida que ele experimenta novas possibilidades nunca antes consideradas. Mas não atinge o seu Nódulo Norte até elevar-se acima dos mais altos níveis cármicos de seu Nódulo Sul: precisa aprender a renunciar graciosamente dos hábitos negativos e memórias que não mais servem aos objetivos de sua vida.

Precisa aprender a seguir caminhando até sentir que não há mais pegadas atrás de si.

Porque a mais apaixonante verdade sobre o Nódulo Norte é que, por mais que o Homem consiga chegar até ele, sempre há mais por seguir — pois ele representa a espiral transcendente e sem começo ou fim rumo a Deus.

CAPÍTULO III

OS NÓDULOS LUNARES NOS SIGNOS

Nódulo Norte em Áries/Nódulo Sul em Libra

Aqui a alma está aprendendo as lições de autoconsciência nos níveis mais elementares. Experiências em encarnações passadas não permitiram ao Ser formar-se enquanto identidade definida. Agora o indivíduo está pagando o preço pela indecisão de suas vidas passadas, assim como está aprendendo a emergir de sua confusão e a desenvolver uma unidade de consciência.

Altamente suscetível a lisonjas, ele até sai de seu próprio caminho para fazer coisas que possam agradar aos outros, mas como não desenvolveu uma identificação firme de ego, termina confuso com que curso de ação tomar.

Sempre tentando equilibrar os que o rodeiam, descobre-se o juiz eterno entre duas ou mais idéias, pessoas ou condições opostas. Permanecendo "em cima do muro", assume o papel de "amortecedor" e tenta desesperadamente harmonizar ambas as facções ao mesmo tempo. Dia-a-dia, ou até mesmo de momento a momento, oscila feito gangorra, esperando que nunca seja chamado a se definir sobre alguma coisa!

Em vidas passadas ele media sua felicidade pelo sucesso ou fracasso dos que o cercavam; agora, ele continua a se identificar e a sua vida através dos outros. Sua confiança pode ser desmontada com facilidade, já que ele mal conhece a si mesmo. Confundindo as necessidades coletivas dos outros com seus próprios desejos não-satisfeitos, torna-se suscetível a longos estados de depressão. Por mais que se sinta desprovido de energia, mantém seus velhos e passados hábitos de busca de pessoas com quem possa se identificar.

Às vezes, sente ressentimentos por sua inabilidade em harmonizar dentro de si mesmo as partes opostas. Ainda assim ele está tão

27

acostumado a buscar soluções para idéias contrárias, que continua criando mais.

A música e as artes o atraem, sentindo-se confortável em um meio ambiente que seja gracioso e delicado. Quando as circunstâncias que o cercam tornam-se instáveis ou desagradáveis, perde o controle. Não gosta de viver sozinho mas deseja ser deixado na sua. Para sua própria paz e tranqüilidade precisa aprender a superar sua enorme sensitividade aos desejos inarmoniosos daqueles que o cercam. Ele o consegue abandonando sua atitude de que deve lutar por sua sobrevivência e refocalizando sua atenção sobre os pensamentos positivos que o ajudem a desenvolver sua própria identidade.

Em encarnações passadas houve grandes sacrifícios por outros, os quais não foram integralmente apreciados. Agora, a alma reencarna com traços de ressentimento por não colher as recompensas dos seus esforços. Isto provoca o sentido contrário ao Nódulo Sul em Libra e impede o indivíduo de encontrar, nesta vida, seu Ser real! O Nódulo Norte só se manifestará quando o Nódulo Sul for trazido aos mais altos níveis cármicos possíveis. Então, o indivíduo alcançará seu maior potencial depois que aprender a servir de boa vontade, sem esperar recompensas além de seu próprio autodesenvolvimento.

Ele foi extremamente impressionável em vidas passadas; agora, gasta pelo menos a primeira metade de sua vida lidando com os resíduos de sua própria credulidade. Conforme os anos passam ele se torna um ávido leitor, o que o ajuda a cristalizar seus pensamentos; mas, sem dúvida, há muitos hábitos de indecisão de vidas passadas que ele percebe dificultar extremamente a tomada de decisões.

Desejando sempre ver ambos os lados de tudo, ele se divide em dois a cada encruzilhada. E quando estas divisões se tornam tão dolorosas a ponto dele não suportar mais sua própria indecisão, começa a atingir seu Nódulo Norte em Áries.

Finalmente, ele aprende a não temer tomar uma posição por aquilo que seu Ser Superior sinta ser a Verdade. E aprende isso ensinando a si mesmo a ser um indivíduo e não apenas a extensão de uma outra pessoa. Ainda assim, ele deve construir com base em suas encarnações passadas, que o ensinaram a amar mais que odiar. Então, à medida que começa a se descobrir, necessita perceber como esta recém-descoberta afirmação influencia os que lhe estão próximos.

Por curtos períodos de tempo ele necessitará se isolar para que possa acumular forças.

E suas maiores lições giram em torno de como fazer sua cabeça comandar seu coração, pois ele ainda se derrete ou se enternece a cada pequena atenção recebida.

De todas as posições zodiacais dos Nódulos Lunares, esta pessoa tem a menor quantidade de experiências de vida passada em examinar-se. Agora deve, finalmente, descobrir e definir realmente quem ela é.

Na vida atual ela está predestinada a efetuar a transição do ceifeiro para o semeador onde cada novo pensamento torna-se uma semente criativa para seu novo início.

A casa onde o Nódulo Sul está localizado indica a área da vida na qual a excessiva identificação com os outros inibiram seu autodesenvolvimento. A casa onde o Nódulo Norte se localiza designa a área da vida onde o Ser está agora experienciando seu nascimento. Uma vez que um novo sentido de auto-identidade for alcançado, este indivíduo se sentirá como Colombo descobrindo a América; e a mais fascinante parte de sua descoberta é atingir a consciência de que este Ser sempre esteve ali mas que ele nunca o tinha reconhecido.

Nódulo Norte em Touro/Nódulo Sul em Escorpião

Aqui a alma é confrontada com algumas das mais difíceis lições cármicas de todo o zodíaco. Vidas passadas foram campo de semeadura de rupturas, perdas e términos, à medida que as forças plutonianas de Escorpião trabalhavam em seu processo de transformação.

Agora o indivíduo vive tão assustado pela memória de quantas vezes viu o tapete puxado de sob seus pés, que desenvolve uma atitude de defesa contra todos aqueles que lhe dão conselhos de regeneração. Em encarnações passadas ele literalmente atravessou os fogos do inferno para queimar seus falsos valores; agora, ao invés de regredir para o resíduo de Escorpião que existe nele, deve construir através de Touro uma nova estrutura de valores substanciais pelos quais viver.

Quase todos os que apresentam estes Nódulos tocaram, alguma vez, a força da bruxaria e assim na vida atual deve haver um duro despertar sobre qualquer resíduo remanescente do Ser inferior.

Em encarnações passadas o indivíduo também teve que lidar com um poderoso impulso sexual que, com freqüência, o tirava de equilíbrio; como resultado, ele está acostumado a buscar gratificações através de todo tipo de relações que terminam por tornar-se destrutivas para o próprio ego. Então, confuso e amargurado por tudo o que vê ruindo em torno de si, ele fica feliz em ajudar a destruir o que ainda resta.

Muitas das condições de sua vida ainda são controladas por seu subconsciente, profundamente escondidas dos olhos da sociedade. O indivíduo pode parecer jovial e amistoso mas, na verdade, ele está planejando dentro de si alguma misteriosa aventura.

Sua carta natal deve ser estudada cuidadosamente para que se veja até que ponto sua alma já se afastou de Escorpião, antes que uma interpretação aguçada possa ser dada. Para aqueles que já estão mais perto de Touro, a violenta agitação de Escorpião é deliberadamente evitada a qualquer custo. Para aqueles precariamente afastados de Escorpião, as revoluções internas ainda estão se processando. Planetas conjuntos a quaisquer dos Nódulos empurrarão o indivíduo para aquele Nódulo e literalmente o forçarão a vivê-lo na vida atual.

Para todos os que possuem estes Nódulos os resíduos de revoluções passadas têm tamanha intensidade que sempre se verifica algum efeito de ordem emocional contaminando suas atuais relações com familiares e pessoas amadas. Cada dia parece ser preenchido com novas emergências, até que uma crise após outra cria um tal redemoinho de conflitos que o indivíduo é reduzido a sua condição mínima na luta pela sobrevivência. Ele ainda não conhece a arte da moderação ou a possibilidade de lidar francamente com as coisas, já que ainda acredita que os outros sempre têm um motivo escondido.

Internamente ele sente que deve escapar de punições o tempo inteiro e, nestas tentativas de fuga, deixa atrás de si um rastro de destruição de tudo que um dia foi querido. Às vezes ele se vê abandonado pelos outros mas raramente compreende que, na verdade, ele mesmo é a causa. Quer ele esteja agindo ainda sob a influência de seu passado em Escorpião, quer ele esteja avançando através de Touro, sua teimosia de signo fixo é em grande parte resultado de arraigados métodos de fazer as coisas.

Crescerá muito quando for capaz de ver as ações dos outros como reflexos de seu próprio subconsciente!

De suas encarnações passadas ele traz o hábito de agir com um grau peculiar de intensidade, o qual, quando não pode ser manifestado, torna-se raiva; ele foi profundamente aterrorizado frente à possibilidade de ser ferido e agora reage como animal acuado, podendo ser mortal contra qualquer pessoa que represente a mínima ameaça. Em seus níveis mais baixos de consciência, indivíduos com estes Nódulos podem perseguir sua presa como que motivados por verdadeiras "vendettas" pessoais; então, quando as coisas vão mal, mostram-se como vítimas inocentes, quando de fato são atacantes que planejam meticulosamente.

Em função de intensa emoção, constantemente em busca de expressão, uma variedade de saídas criativas é necessária.

O desejo sexual deve ser transmutado em Amor Divino. Todas as condições amarguradas advindas de encarnações passadas devem

30

ser descartadas da consciência até que novas sementes de paz sejam descobertas. O indivíduo com o Nódulo Sul em Escorpião deve destruir todas as pontes que o atam a seu passado, beneficiando-se das lições da mulher de Lot: "nunca olhe para trás!".

Através do Nódulo Norte em Touro ele deve aprender a não desperdiçar, em áreas sem importância, todo o poder que reside nele pois suas grandes aquisições de desenvolvimento nesta vida começarão à medida que ele desenvolver um grande amor pela terra onde vive e comece a descobrir lampejos da força infinita que o alimenta e apóia.

Por vidas e mais vidas ele desperdiçou esta energia, seus impulsos e desejos, sentindo-se sozinho contra todas as opressões e aflições que afetam a humanidade. Agora, através das impressões sensíveis de seu Nódulo Norte em Touro, toma consciência de que é grande a abundância reinante no Universo, de que terá sempre ao seu alcance aquilo de que necessita, no momento exato em que necessitar. Precisa aprender a estabelecer a diferença entre *desejar* e *necessitar*, pois embora nem sempre seja capaz de conseguir o que deseja estará, a cada instante, cercado de tudo aquilo de que necessita!

À medida que alcança seu Nódulo Norte em Touro ele está alcançando, por fim, a estabilidade; pode parar de perseguir tudo o que jamais conseguiu obter, pois agora tudo lhe é oferecido. Afinal, nesta vida ele está fadado a alcançar um estado de satisfação quando os turbulentos vulcões de Escorpião se fundirem nas águas espirituais da harmonia, em Touro, sobre as quais o bem-amado Gautama Buddha deixou sua bênção. Na verdade, esta é a transição de vidas e vidas de guerra para um jardim de paz.

A casa em que se encontra o Nódulo Sul indica a área na vida em que qualquer resíduo remanescente das batalhas de Escorpião deve ser dominado, enquanto a casa em que se encontra o Nódulo Norte mostra a área na vida em que uma nova consciência de confiança e segurança podem, finalmente, substituir os conflitos subjacentes.

Nódulo Norte em Gêmeos/Nódulo Sul em Sagitário

Aqui o indivíduo recebe um convite para juntar-se à sociedade. Sua alma chegou a esta vida trazendo resíduos de selvageria de encarnações passadas. Como resultado ele está desacostumado a apreciar o ponto de vista dos outros. A continuação cármica de uma forte atitude convicta de suas próprias razões torna-lhe difícil avaliar com justiça suas próprias ações. Como tal, sua vida é excessiva. Ele ainda é atraído por uma vida natural, sem nenhum respeito pelas convenções e chegará a extremos para evitar que quaisquer restrições lhe sejam impostas.

Está acostumado a ser um espírito livre e tenta desesperadamente reter, a todo custo, esta liberdade. Casado ou não, a memória de sua alma, de suas atitudes de solteiro, torna impossível aos outros se aproximarem muito dele.

Acreditando que as ações falam mais alto que as palavras, ele transforma sua vida presente em um caleidoscópio de atividades incessantes: está sempre tentando fazer várias coisas ao mesmo tempo, dispersando-se de tal forma que acaba por perder de vista qualquer tema de vida central.

Em encarnações passadas ele funcionou com base em grandes reservatórios de energia nervosa; assim, em todas as suas atividades não aprendeu ainda como concentrar a atenção em um assunto só. Na vida atual ele ainda continua à busca de oportunidades e descobre-se sempre vítima de pequenas tentativas que acabam tendo que ser repetidas.

Não habituado às exigências do viver em sociedade, está sempre buscando fugir às responsabilidades; acredita que se puder resolver todos os problemas com que se defronta, tão rapidamente quanto possível, terá tempo para gozar a liberdade que a sociedade está tentando lhe tirar. E, assim, gasta a maior parte de seu tempo tentando se livrar. Mas o que ele não percebe é que cada ação provoca uma reação igual e contrária e, desta forma, na realidade está se fazendo mais prisioneiro do que antes.

De alguma forma sua natureza é um pouco primitiva. Quando age de forma egoísta, não o faz intencionalmente; quando atropela o próximo, o faz porque nem sequer percebe que há alguém a seu lado. Ele parece nunca perceber o óbvio, ignorando as circunstâncias que o cercam. No convívio social é tão desajeitado que se assemelha ao proverbial "macaco em loja de louças".

Na vida atual ele está aprendendo como interagir com a sociedade da qual ele se beneficia. Contudo, temeroso das reações do próximo, mantém-se sempre à margem, envolvendo-se apenas ocasionalmente, voltando logo após ao seu isolamento.

Suas experiências de vidas passadas com outras pessoas não se desenvolveram no terreno da cooperação, da sociabilidade e do tato. Agora ele está procurando ser mais sofisticado; contudo, ainda não consegue vislumbrar um claro reflexo de seu modo de ser, pois ainda não compreende que toda moeda tem duas faces.

Através de seu Nódulo Norte em Gêmeos ele agora passará por experiências que o forçarão a ver ambos os lados de cada questão;

nesta vida, está destinado a aprender como o mundo parece visto através dos olhos dos outros. Para que ele compreenda por que as pessoas não lhe dão muita atenção precisará, antes de mais nada, colocar-se no lugar delas. Finalmente, compreenderá que todas as qualidades negativas que atribuiu aos outros não são mais do que as que ele não compreende em si mesmo.

Às vezes se comporta como uma pessoa barulhenta em uma biblioteca. Por mais sofisticado que queira parecer, existem nele tantos resíduos de grosseria que se revelam até mesmo nos momentos mais inoportunos. Isso lhe causa tal embaraço que o leva à decisão de manter-se atento a suas maneiras, seus hábitos, seu comportamento público e, em particular, ao seu modo de falar com as pessoas que o cercam.

Através de seu Nódulo Norte em Gêmeos ele gastará a maior parte de sua energia desta vida buscando aperfeiçoar-se na arte da comunicação; ele agora sente, então, a necessidade de educar-se de modo que possa estabelecer uma identidade na sociedade. Pelo menos uma vez nesta vida se defrontará com o conflito entre viver na cidade (Gêmeos) ou no campo (Sagitário): enquanto sua natureza básica esteve por muitas vidas acostumada a viver no campo, ele precisa aprender a se adaptar à nova experiência de viver na cidade.

Através de seu Nódulo Norte em Gêmeos precisa aprender a respeitar diplomaticamente os direitos dos outros se quiser ajudar a preservar a sociedade que, se em vidas passadas ele não achava importante, nesta vida atual é necessária para sua própria sobrevivência.

Enquanto seu corpo pede a prática de esportes e o convívio com a vida primitiva e natural, sua mente o leva ao estudo das palavras, da linguagem e a uma reflexão de sua auto-expressão como parte do processo que possa levá-lo a ser uma parte mais humana da cultura em que vive.

Ele é como o garanhão selvagem lutando desesperadamente contra ser domado e, ao mesmo tempo, imaginando como seria esta experiência; no meio deste aparente paradoxo, ele é o mensageiro das mentes inferior e superior, para todos aqueles com quem entra em contato. Suas encarnações passadas lhe deram um natural entendimento sobre o Universo; agora, sua missão é não-somente para si mesmo mas também repartir sua compreensão com todos os que atravessam sua vida. Aí reside a razão mística para sua eterna ansiedade: ele tem tanto a dizer e tanto chão a percorrer!

A casa em que se encontra o Nódulo Sul indica a área da vida na qual resíduos de encarnações passadas ainda o puxam para o desejo de ser um espírito livre. A casa em que se encontra o Nódulo Norte em Gêmeos indica o portal que ele deve atravessar a fim de

33

experimentar as vantagens da cultura humana e civilizada à qual ele está destinado a juntar-se.

Nódulo Norte em Câncer/Nódulo Sul em Capricórnio

Aqui a alma entra nesta vida com muito orgulho interno. O indivíduo acha difícil entender por que os outros não lhe dão o respeito ao qual se acostumou em encarnações passadas. Como resultado, prestígio e busca de dignidade continuam a ser as reais motivações de todas as suas ações.

Algumas pessoas com esses Nódulos podem até mesmo se casar para obter o *status* social que carregam na memória inconsciente do Nódulo Sul em Capricórnio.

Em encarnações passadas esta alma lutou bastante por reconhecimento. Sem perder o auto-respeito, ele era capaz muitas vezes, de se afastar de seu caminho para atrair atenção. Às vezes, isso poderia até mesmo significar autopunições indevidas se soubesse que estava sendo observado. Agora ele gostaria que o mundo soubesse o quão castigado ele tem sido, para que os outros possam vê-lo como mártir.

Ele continua a fazer seu trabalho mais duro do que realmente é, nunca parecendo capaz de enfrentar positivamente as responsabilidades e obrigações da vida atual. Desde que ele está sempre vivendo no passado, tem o hábito de trazer à consciência todos os seus fardos vividos no passado, fazendo com que o presente seja muito mais pesado do que precisaria ser.

Uma coisa que ele nunca aprendeu foi tolerar fracassos em si mesmo e, na verdade, consegue até ficar doente, física ou emocionalmente, para evitar situações nas quais se sentirá inadequado. Ele vê o mundo através de atitudes de extrema rigidez, o que faz com que as atitudes dos outros sejam raramente perdoadas e, freqüentemente, condenadas. Ele guarda isso para si mesmo, pois seria atingido em sua auto-estima se os outros soubessem que tem estado encaixando-se secretamente em seu sistema de castas.

Em vidas passadas ele foi extremamente rígido em suas opiniões e altamente resistente contra quaisquer conselhos que pudessem afetá-lo pessoalmente. Agora, ainda acredita que a vida pessoal de um indivíduo é assunto estritamente privado; conseqüentemente, constrói uma verdadeira "Muralha da China" em torno de tudo que se relacione diretamente consigo. Qualquer pessoa que tente quebrar esta barreira está fadada ao fracasso, pois qualquer crítica, por mais leve que seja, só o faz levantar mais alto ainda a barreira.

Vidas e vidas de materialismo fizeram dele um oportunista, colocando-o sempre onde houvesse algo a ser ganho; ao mesmo tempo ele é um sábio com um tostão e um tolo com um milhão, pois é conhecido por ser mesquinho em meio a explosões emocionais de extravagância.

Quando vê alguma vantagem possível, torna-se frio e calculista, de forma a tentar impedir que qualquer fraqueza interna possa impedi-lo de atingir seu objetivo. Ele utilizará as fraquezas dos outros em proveito próprio. Onde houver brechas na lei, ele tentará descobrir formas de atravessá-las. Tanto ele tenta controlar e dirigir tudo que vê a sua volta, que sua vida inteira se torna uma cruzada pessoal para provar seus méritos e capacidade.

Em encarnações passadas sua alma aprendeu a arte da realização profissional; para conseguir isto houve pouca consideração pelos outros.

Agora, através de seu Nódulo Norte em Câncer, ele deve aprender como dar sustento aos outros, assim como recebê-lo. Muitas pessoas com estes Nódulos experienciam fortes fardos familiares de forma a se tornarem sensíveis aos sentimentos dos outros e suas necessidades emocionais.

Sexualmente falando, a alma está aprendendo como desempenhar o papel feminino nesta vida. A transição cármica é da frieza para o calor; da velhice para a juventude. Por isso, muitas pessoas que têm estes Nódulos parecem ficar mais jovens à medida que os anos passam.

As atitudes rígidas capricornianas caem uma a uma; o indivíduo descobre nova segurança ao se relacionar mais honestamente com suas emoções. Nesta vida ele deve aprender como pedir desculpas, sinceramente, quando está errado, assim como a não levar vantagem sobre os outros quando está certo. E, finalmente, percebe que todas as suas depressões, medos e preocupações não são mais do que parte de um autocriado complexo de mártir, tendo realmente muito pouco a ver com as circunstâncias de sua vida atual.

Ele deve lentamente aprender como separar-se de um insaciável desejo de controlar e dirigir tudo o que está à sua volta.

Nesta vida atravessará uma série de experiências que gradualmente abrirão sua sensibilidade canceriana. Finalmente, começará a valorizar mais a natureza do que o dinheiro, a emoção mais do que o poder e o novo crescimento mais do que acumular matérias mortas! Quando as mudanças começarem a ocorrer ele será lançado do frio do inverno para o brilho cálido do início do verão; mas deverá desenvolver padrões de resposta emocional totalmente novos se quiser se ajustar às novas direções em que sua alma quer seguir.

Sua maior conquista nesta vida será a capacidade de nutrir as outras pessoas; para isto, ele deve trabalhar bastante sobre si, até

35

se transformar numa cornucópia natural de alimento espiritual para aqueles que estão famintos. Quanto mais capacidade tiver para nutrir as pessoas, mais felicidade sentirá. Verá então que Deus favorece aqueles que param e esperam e que Sua mais elevada bênção está especialmente reservada para os que nada buscam para si mesmos e que se dispõem a ser Seu constante servidor. Em vidas passadas esta alma se beneficiou muito de receber; agora está aqui para dar.

A casa astrológica em que se localiza o Nódulo Sul mostra a área da vida em que o pote de abundância está repleto; a casa astrológica que abriga o Nódulo Norte simboliza os recipientes vazios dos outros esperando por alimento.

Nódulo Norte em Leão/Nódulo Sul em Aquário

O Nódulo Norte em Leão simboliza uma luta contra a vontade. Nesta encarnação o indivíduo está aprendendo a desenvolver a verdadeira força dentro de si mesmo. As condições o forçam a permanecer sozinho, muito freqüentemente sem apoio algum. Assim, aprende que se sua vida deve melhorar isto deverá ser criado por si mesmo. Mas antes que ele possa construir qualquer destas criações deverá superar suas atitudes de indiferença e despreocupação.

Ele mantém a tendência de vidas passadas em gastar muito tempo sentindo pena de si mesmo por essa falta de amigos, quando estes são muito necessários. De certa forma, em momentos de *stress*, os outros sempre parecem estar ausentes. Não são incomuns longos períodos de isolamento, solidão e, em muitos casos, boa parte do tempo procede como um ermitão.

Finalmente, quando se decide, pouco há a se fazer para desviar o indivíduo de seu destino. Ele precisa aprender que seu isolamento é um pré-requisito auto-imposto para juntar forças. Muito capaz de forte liderança nesta vida, ele precisa aprender a superar todas as dúvidas interiores.

A permanência dos desejos de sua vida passada por amizades, realmente o enfraquece pois pouco fazem para construir sua auto-confiança. Ele precisa aprender como se tornar mais bem-orientado para seus objetivos, ao invés de seguir sua habitual tendência de dissipar suas energias. O mais interessante é que enquanto ele continua pensando que necessita de outros para responder às suas dúvidas, raramente ouve seus conselhos.

Os amigos que tem vêm de diferentes posições sociais. Num certo sentido, isto alarga sua visão, pois estes lhe trazem agora a consciência que ele mereceu em encarnações passadas.

Uma vez que a determinação se enraize, não há forma de parar o seu caminho até o sucesso, pois ele não gosta de ser apenas o segundo. Muito pensamento é investido no futuro. De fato, ele está acostumado a viver lá, até que um dia percebe que "hoje é o amanhã de ontem" e que nada existirá no futuro que não seja criado agora!

Ele não é a pessoa mais fácil de se entender, pois fará qualquer coisa para reter e enfatizar seu próprio senso de individualidade. Em encarnações passadas ele desenvolveu um certo "desligamento" da maioria das pessoas, permitindo-lhe sentir-se livre para seguir seu próprio caminho. Agora ele se orgulha de ser diferente e único, não dando às tradições sociais o mesmo valor que dá às regras que estabeleceu para si mesmo.

Sua maior dificuldade nesta vida é a falta de controle; sem disciplina ele canaliza seu poder para projetos inúteis, até perceber que ninguém o está obrigando com um chicote!

Se ele utiliza o conhecimento de vidas passadas tem grande habilidade para fazer algo pela raça humana, pois é capaz de despersonalizar suas ações pelo bem da humanidade.

Muitos com estes Nódulos vivem atormentados com as riquezas da vida; a grande mudança surge depois que a tendência de observar superficialmente a vida é transformada em habilidade de observação mais profunda! O maior espanto ocorre quando descobrem, em si mesmos, talentos de vidas passadas que nunca pensavam possuir.

A felicidade é alcançada uma vez que os princípios aos quais dedicar sua vida são encontrados. Além disso, tais princípios devem ser inabaláveis a fim de que o indivíduo sinta que está criando algo sólido. Irá, então, identificar sua vida em termos da grandeza dos princípios que adotou.

Perturbado pelas ações dispersivas dos outros, que relembram suas próprias encarnações passadas, sente a forte necessidade de ver a vida fluindo por um curso dirigido a uma meta específica. Ainda assim, deseja manter sua completa independência. Como resultado, acha difícil tolerar as restrições que outros fazem a seu estilo. Quando o fazem, o encontrarão, constantemente, testando limites.

O Nódulo Sul em Aquário traz consigo raízes de vidas passadas fortemente envolvidas com objetivos de justiça e igualdade. Em sua vida atual, é dada ao indivíduo a oportunidade de ser ele mesmo, de modo que, sem impedimento de outras pessoas, possa expressar suas próprias convicções. Seu trabalho, agora, é mostrar às pessoas sutilmente ou poderosamente, a sua escolha, os caminhos pelos quais o mundo pode superar seu fardo. Suas maiores realizações ocorrem depois de ter sacrificado sua vontade pessoal a serviço da humanidade. Não há dúvidas de que existe nele um bom material de liderança desde que seu destino enraizado de justiça Aquariano em vidas passadas nunca seja violado.

Este indivíduo é capaz de realizar mudanças revolucionárias naquilo que uma vez foi tradição estabelecida. Ele se espanta e se fascina sempre, do começo ao fim, por todas as possibilidades que o homem pode alcançar. Ao mesmo tempo, ofende-se quando vê pessoas se penalizando por limitações auto-impostas, pois conhece bem a experiência de erguer-se por seus próprios esforços.

Ele aspira chegar longe e não ser ridicularizado pelas crenças que tanto se esforçou para expressar.

Enquanto sua capacidade de amar é profunda, o resto de si não está muito abaixo da superfície. A sua constante atração por fascinações momentâneas, derivada de suas vidas passadas, o mantém fora de seu caminho, tornando-lhe difícil, agora, perceber claramente a essência de seu verdadeiro Eu. Portanto, ele precisa se identificar com suas realizações como o único barômetro real de seu valor.

Apesar de algumas vezes desejar ardentemente estar só, ele nunca poderia viver sem as pessoas, pois desenvolve-se através da manifestação de admiração delas, por suas realizações.

Ele acredita na justiça firme, embora rapidamente possa perdoar, uma vez que as pessoas tenham admitido seus erros. É incapaz de pisar em alguém que esteja caído. O senso de justiça, o jogar limpo, tornou-se de tal forma parte de sua alma que, apesar de sentir que poderia ser mais competitivo, sente-se desconfortável quando toma parte de alguma competição que envolva trapaça.

Coisas que não o aborreceriam em encarnações passadas, de repente tornam-se importantes, quando começa a aprofundar-se na vida, em vez de dissociar-se dela. Embora seu carma na vida atual seja usar sua ingenuidade Uraniana através de saídas Leoninas práticas e tradicionais, ele ainda luta para manter seu caráter único.

Alguns com esta posição passam os últimos anos de suas vidas sozinhos. Outros, que são casados, ainda se agarram a esse forte traço de independência e tendem a manter os outros membros da família afastados de sua vida.

A posição da casa do Nódulo Sul indica a área onde as necessiades de vidas passadas, por originalidade e liberdade, ainda estão procurando expressão.

A posição da casa do Nódulo Norte mostra a área através da qual toda a energia da carta natal pode ser focalizada em uma nova criação brilhante, substancial e valiosa, um presente de generosidade para o mundo. Realmente, estes são os Nódulos do "inventor".

Nódulo Norte em Virgem/Nódulo Sul em Peixes

O objetivo aqui é a cristalização. O indivíduo deve ultrapassar superstições de vidas passadas que agora impedem seu crescimento e ver claramente a verdade de todas as coisas diante de si. As tendências anteriores de ser dependente de outros, tanto quanto de autopiedade diante de sua não-realização, são fortes obstáculos a serem trabalhados e ultrapassados no correr desta vida.

O indivíduo deve fazer todo o esforço para não permitir que sua visão interior seja obscurecida no meio da confusão.

Fortemente cônscio de tentar não ferir outras pessoas, esforça-se para desenvolver a habilidade de dizer o que realmente sente. Em essência, seu ponto fraco é magoar a si próprio, apesar de que ainda terá muitas oportunidades em sua vida de conhecer melhor a si mesmo.

Ele precisa trabalhar para construir sua confiança, da qual aprende, basicamente, que nada acontece em sua vida até que estejam definidas de forma clara suas metas e objetivos. Em encarnações passadas este indivíduo foi enganado por muitos, devido à sua tendência supercompassiva de envolver-se por tristes estórias. Agora, ele ainda se encolhe ao menor sinal de sofrimento, sentindo fortemente a emoção das dores de outras pessoas. Assim, permite que tristezas externas tirem suas forças até o limite máximo. Então, a percepção de que seu bom coração é seu ponto fraco o empurra para o Nódulo Norte em Virgem, onde começa a desenvolver a habilidade de discriminar entre o que realmente é merecedor de sua simpatia e o que é de fato fantasia.

Ele passa muito tempo de sua vida atual examinando-se minuciosamente através de seu sistema de valores, descartando tudo aquilo que não seja importante, a fim de que, no final, possa desenvolver um sistema de filtragem que lhe permitirá fazer julgamentos sem que se envolva emocionalmente.

Esta encarnação irá ensiná-lo a sair do "grande cozido" em que caiu e o que nunca deixa de surpreendê-lo é o fato de que seu escorregar para a ilusão foi tão sutil que nunca se apercebera disto.

Ele precisa evitar o escapismo e o sonhar acordado a todo custo, pois no final isto o enfraquece a ponto de poder esquecer como atuar no plano físico e material. Sua intuição é extraordinariamente forte e acurada, devido a encarnações passadas, mas com ela chega a depressão Pisciana, derivada de uma sensibilidade para o desapontamento de outras pessoas.

Aprendendo a lição cármica de não-dependência, ele basicamente descobre que todos aqueles em quem deseja se apoiar, eventualmente,

39

acabam se apoiando nele. Ele constantemente tem que se afastar dos eventos, circunstâncias e relacionamentos que obscurecem sua visão. A pena que sente por outras pessoas pode colocá-lo em posições nas quais tenta abarcar o mundo com as pernas. Odiando falar às pessoas o que elas não desejam ouvir, desenvolve a arte da sutileza.

Uma de suas maiores lições nesta vida é desenvolver a habilidade de dizer não e mantê-la, pois o mais leve sinal de lágrimas nos olhos de outra pessoa o faz sempre voltar atrás com sua palavra. Ele conhece bem as suas fraquezas e é através deste conhecimento que pode desenvolver sua grande força. Por se recusar a ser levado pela emoção, gradualmente abre o seu caminho para fora da confusão.

Muitos com esta posição Nodal passaram por experiências persecutórias em vidas passadas e, como resultado, desenvolveram uma profunda compreensão das dores de outros. Contudo, podem ser enganados por outros, quase como se sua gentileza fosse confundida com fraqueza, a ponto de atrair novamente nesta vida as próprias perseguições das quais estão fugindo.

Ele tem a habilidade de carregar consigo, durante muitos anos, profundos ferimentos. Assim, de tempos em tempos, o acúmulo dessas memórias devora seu sistema nervoso.

Aqui o Nódulo Norte de Virgem pode agir como um salvador, sugerindo uma dieta e condições de saúde que lhe trarão grandes benefícios.

Estes Nódulos são especialmente úteis nos campos da Medicina e cura, onde a permanência de uma forte piedade pela humanidade (adquirida em vidas passadas), aliada ao desejo atual de perfeição, podem ser prontamente expressas. O idealismo é forte, mas a memória da alma sobre a perda da confiança própria, devido a tantas perseguições passadas, torna difícil para o indivíduo, realmente, acreditar que possa atingir seus objetivos. Ele tem que lutar constantemente contra a tendência que sente de desistir. Basicamente, é o grande desejo aprendido através de amargas lições do Nódulo Sul em Peixes que o resgata. Pois não importa quão difíceis sejam as condições, ele ainda se apega a seu sonho colorido, onde a paz e o amor regem o mundo.

Ele é altamente crítico com os outros quando vê que desistem de seus ideais de perfeição, os quais ele sabe que são capazes de alcançar. Ele tem que aprender a pôr em prática a essência de suas próprias idéias, que tem vagamente percebido mas tem sido incapaz de verbalizar. À medida que isto continua, sente-se incompreendido. Em época de necessidades, deseja realmente que outros o ajudem, ainda que sinta que não seria justo pedir por tal ajuda. Ao contrário, ele continua procurando pessoas sensíveis, esperando silenciosamente, que elas possam ver através dele e se importem o suficiente em compreender seus problemas.

Constantemente procurando simpatia nos outros, torna-se frio quando em companhia de indivíduos grosseiros ou rudes. Uma das mais belas coisas sobre o Nódulo Sul em Peixes é que, conforme o tempo passa, lhe é dada a oportunidade de perdoar todos aqueles que o magoaram nesta vida, bem como em encarnações passadas. Estes Nódulos representam as tristezas e as alegrias, a ilusão e a realidade. Sempre procurando algum estado melhor, este indivíduo finalmente chega a aprender por que outras pessoas sofrem tanto. Até que aprenda isto ele se distancia de seu caminho, com o risco de se magoar para ajudar qualquer pessoa que sofra.

Seu carma de vida atual é se esforçar por perfeição e purificação pessoal, enquanto gentilmente tolera a fraqueza nos outros. Isto lhe fornece sua maior lição — disciplina pessoal! Ele precisa aprender quando deixar a água correr, quando detê-la e quando alterar o seu curso.

Ele não deve deixar passar detalhes, pois é freqüentemente a falta de atenção Pisciana aos detalhes que provoca nele a perda da clareza de compreensão que está procurando. Desenvolvendo uma perspectiva clara, ele pode começar a evitar a tendência ao excesso que trouxe consigo para esta vida.

Se ele quer ser feliz, sua vida deve ser dedicada a servir, ao invés de, secretamente, desejar que outros afoguem suas tristezas passadas. A maior lição, entre todas, é nunca duvidar da pureza de seus objetivos.

Este indivíduo está começando a fazer as coisas acontecerem no plano terrestre. Ele desenvolveu em vidas passadas uma intuitiva compreensão da natureza pela qual o homem ou a máquina funcionam mas, agora, é confrontado com a necessidade de colocar este conhecimento em uso, em vez de sonhar com algum futuro momento distante, quando todos os seus sonhos podem se tornar realidade. Ele precisa ser cuidadoso para viver no aqui e no agora, pois somente assim será capaz de verter de forma cristalina o vasto reservatório de essências que acumulou através de todas as suas vidas.

Ele está para tornar-se uma lente focalizadora de um projetor que contém milhares e milhares de negativos desfocados. Através de seu Nódulo Norte ele é capaz de aprimorar cada um destes negativos a fim de que, basicamente, nenhum conhecimento adquirido por ele seja perdido. Com efeito, esta é uma posição Nodal bastante frugal. Aqui também, mente e vida tornam-se uma máquina, com todas as partes isoladas sendo parte integral do todo. Quando qualquer parte

41

da vida não está funcionando adequadamente, deve ser imediatamente reparada ou descartada.

A vida é engrenada de modo a alcançar a eficiência e a ordem fora do redemoinho do mar Pisciano. Muito trabalho de vidas passadas foi gasto com a prática da renúncia. Agora permanecem apenas vagas lembranças. Nesta vida, o indivíduo precisa aprender a expor os ideais de perfeição que adquiriu através da renúncia a tudo, que não o seu apreço à Essência Divina.

A posição da casa do Nódulo Sul indica a área na qual a encarnação passada atingiu a Compreensão Cósmica. A posição da casa do Nódulo Norte mostra a área da qual a cristalização pode, agora, transformar aquela compreensão em realidade material.

Nódulo Norte em Libra/Nódulo Sul em Áries

Esta posição Nodal requer muita aprendizagem sobre sacrifício pessoal e as necessidades de outras pessoas. Todas as vidas de trabalho gastas na construção de sua confiança pessoal e estima precisam, agora, ser transferidas para os outros.

O Nódulo Norte em Libra impede que o indivíduo favoreça ainda mais o seu senso de identidade própria. Ele precisa se guardar contra a influência de seu forte Ego nas ações de sua vida atual.

Sua atitude egoísta agora lhe traz experiências dolorosas e agudas, enquanto aprende a lição da cooperação. Ele precisa ir devagar e se assegurar de que tudo pelo que trabalha é significativo, em seu casamento e relacionamentos íntimos, bem como em todas as suas relações com outras pessoas. Precisa aprender a afastar os extremos de sua vida e começar a equilibrar-se. Apesar do caminho do meio parecer-lhe o menos atraente, somente este caminho poderá ser tomado para alcançar a felicidade.

Principalmente, necessita aprender a lição sutil de que seu forte individualismo pioneiro não tem, realmente, sentido para ele, servindo apenas para equipá-lo melhor, a fim de que possa promover uma vida mais harmoniosa para outras pessoas. Muitos indivíduos com estes Nódulos têm uma tendência a serem "do contra"; a experiência de ouvir outras pessoas é nova e acham-na desagradável quando sentem que isto impede suas ações.

O progresso foi importante em encarnações passadas e chegar em primeiro lugar era parte do impulso altamente competitivo do Ariano. Isto o levou a uma limitação mental que o Nódulo Norte em Libra irá finalmente abrir, mostrando ao indivíduo o outro lado da moeda que ele nunca antes pensou ser importante o suficiente para aceitá-lo.

Egoísmo e vaidade de todo o tipo deverão ser controladas, a menos que o indivíduo deseje ficar só. Geralmente ele se sente sendo levado em direção a alguma coisa, ainda que não compreenda o que ou por quê. Através do Nódulo Norte em Libra ele deve, agora, reconsiderar suas metas e objetivos para que sua Energia Ariana seja canalizada para algum propósito útil.

Ele muda de opinião freqüentemente e fidelidade a uma única causa não é o seu mais forte atributo. Encarnações passadas o fizeram acostumar-se a uma constante inquietação que, ainda, conserva sua tendência de manter-se em movimento. Sabe que sua vida atual é para doar, ao invés de receber, embora ache difícil lidar de coração aberto com este carma.

A qualidade marciana do Nódulo Sul o empurra, impacientemente, em novas direções. Na chegada a cada destino, entretanto, ele se depara com uma fina nuvem de Libra no meio do caminho e fica surpreso ao ver que seu objetivo não era objetivo nenhum, nem aquele lugar era o final da jornada. Desorientado e confuso, senta-se e fica tentando avaliar as circunstâncias que, ele espera, apontarão o próximo caminho pelo qual investirá com sucesso. Entretanto, cada meta, cada corrida, cada ambição, cada luta o traz para Libra — o meio do caminho!

Finalmente, por pura exaustão, faz a surpreendente descoberta de que a segunda metade da jornada envolve outras pessoas. Ele tem que aprender a lição cármica de que não está só. Até que aprenda a compartilhar, alguma coisa sempre acontece para frustrar seus esforços. Assim, chega à descoberta de que perder ou ganhar o jogo é menos importante do que a honestidade com que é jogado.

Muitos indivíduos com estes Nódulos são tremendamente teimosos como resultado do egoísmo ou intolerância de atitudes de vidas passadas. Agora é hora de vestir o sapato noutro pé. Muitos acontecimentos da vida atual são golpes dolorosos para o ego. O indivíduo deve cuidar para não se tornar amargo, quando vê muitas de suas próprias vontades e desejos sendo tomados e dados a outros. A princípio, sua tendência natural é sentir ciúmes. Ele quer lutar por todas as coisas que sente ter perdido ainda que quanto mais ele lute, mais perca. Finalmente, drenado de muitos dos seus recursos interiores, ele precisa abandonar seu ego egoísta e aceitar viver em um mundo construído sobre o compartilhar.

Até que supere seu Nódulo Sul, sua maior frustração será testemunhar outras pessoas recebendo tudo o que deseja para si. Ele ainda não compreende como isto acontece e fica confuso porque tudo que sempre quis é conseguido por pessoas que estão a sua volta e não por ele. Dificilmente ele percebe que todos os seus desejos, vontades e sonhos estão, de fato, destinados a outros.

Ele está energizando mentalmente os desejos das pessoas ao seu redor, a fim de, basicamente, ser um instrumento para as realizações deles. Na realidade, está conquistando um novo lugar no mundo, vivendo através do carma da abnegação. Ainda assim, o insistente impulso do Nódulo Sul continua empurrando-o de volta, freqüentemente, fazendo-o sentir que esta é uma lição que ele preferiria ainda não aprender.

Ele precisa tentar resistir às tendências de vidas passadas de agitar, pois agora é capaz de testemunhar as desarmonias entre as pessoas, sem tomar partido. Freqüentemente é lançado em uma posição de juiz, na qual, ajudando os outros a se tornarem mais objetivos, de fato, ajuda a si mesmo. Quanto mais consegue a cooperação entre outros, mais pode aprender a fazê-lo ele mesmo. Debaixo de toda a pressa e alvoroço, este indivíduo está aprendendo a ver as conseqüências de suas ações antes de realizá-las. Com efeito, ele precisa aprender a olhar, antes de pisar!

Para muitos com esta posição Nodal há uma ira profunda resultante de lembranças de frustrações de vidas passadas que bloqueiam a expressão pessoal.

Possuem, geralmente nesta vida, uma agradável aparência física, que é parte da lição cármica de vaidade, que o Nódulo Sul em Áries está aqui para superar. Qualquer resíduo narcisista também causa dificuldade no casamento, uma vez que este é um campo de batalha onde a guerra entre o amor do outro e suas necessidades precisam ser confrontadas.

O equilíbrio entre Áries/Marte e Libra/Vênus é difícil de ser alcançado. O Nódulo Sul em Áries constantemente procura assegurar suas necessidades, enquanto o Nódulo Norte em Libra não necessita nada para si mesmo, exceto amar os outros, a despeito de suas exigências. Este indivíduo pode amar os outros somente depois que suas necessidades forem satisfeitas.

Até que os desejos de encarnações passadas sejam deixados para trás, a constante presença de suas exigências subconscientes continuam a ser tão fortes que ele apresenta a tendência de drenar energia de outras pessoas, literalmente, colocando-se "para dormir". Com efeito, ele é um anestésico ambulante, constantemente pensando por que as pessoas evitam conversar com ele mais que alguns minutos. Ele gostaria de conversar por horas, somente para continuar a ser o foco de atenção. Mas em seus momentos particulares ele fica profundamente deprimido por uma sensação de solidão e pelo conhecimento de que seus relacionamentos com outros por enquanto são menos do que gostaria que fossem.

Não há nada de sutil sobre esta polaridade Nodal. A felicidade chega somente depois que ele é forçado a reavaliar seus desejos e descobre realmente que estes envolvem outras pessoas. O que deve ser abandonado e, com ele, uma maior sensibilidade em relação às necessidades alheias!

O Nódulo Norte em Libra é um dos mais difíceis de se alcançar, devido ao amor-próprio de Áries, existir como uma grande dificuldade a superar. Ainda assim o indivíduo deve superá-lo, se quer que haja um novo ciclo para ele; e encontrará a chave para este novo ciclo quando começar a refletir sobre si mesmo através dos olhos dos outros.

A posição da casa do Nódulo Sul indica a área onde desejos insaciáveis de encarnações passadas são ainda exigências prioritárias. A posição da casa do Nódulo Norte mostra como a realização pode ser atingida através do auto-sacrifício, de cooperação e a expressão desinteressada do amor pelos outros.

Nódulo Norte em Escorpião/Nódulo Sul em Touro

Aqui o indivíduo está aprendendo como aceitar mudanças revolucionárias dentro de si, bem como nas condições de sua vida. Ele gostaria de descansar, pensando que a jornada de sua alma está terminada. Está tão cansado das memórias de vidas passadas de submissão a seus fardos terrenos que, a qualquer custo, gostaria de se sentir liberado deles e assentado. Como resultado, ele encontra dificuldade de desenvolver a força para mudanças futuras.

Ele tenazmente se inclina para padrões antigos de comportamento que o serviram tão bem durante encarnações passadas. Ele tornou-se pessoalmente fixado em fazer as coisas de modo difícil. Como o arado sulcando o campo, ele caminha laboriosamente através desta vida, como se ela fosse um profundo sulco. Ele gasta tanta energia física que enfraquece seu Ser Espiritual, a ponto de tornar-se cego para novas possibilidades que não a existência singularmente monótona que está acostumado a levar.

Ele acha difícil aprender observando outras pessoas. Ao contrário, gostaria de trabalhar através de cada uma das experiências de vida por si mesmo. Como resultado, perde mais tempo, esforço e energia em cada etapa de crescimento do que necessitaria. Ainda assim, sente que precisa estar certo de si mesmo. Sua necessidade de sgurança é tão forte que, mesmo quando provoca mudanças em sua vida, estas não são, de fato mudanças — simplesmente são outros aspectos do mesmo padrão de comportamento que tem usado até agora.

Em encarnações passadas desenvolveu uma sensibilidade para com seu meio ambiente. A fim de lidar com a continuidade desta sensibilidade ele inicia cedo, nesta vida, a exploração do mundo de impressões sensoriais. Ele aprende o que lhe dá prazer e como obtê-lo. No entanto, parece sempre falhar em atingir a última e completa satisfação. Ele não percebe que um apetite puxa outro. Sua grande necessidade por bens materiais torna difícil para ele apreciar o que não é seu. Como resultado, mergulha em longas batalhas para possuir as pessoas, coisas e idéias. Ele teimosamente se agarra a tudo que aparece em seu caminho. Quanto mais acumula coletivamente, mais preso fica. O que foi em outras vidas uma grande necessidade de aquisição de substância torna-se, agora, um excesso de peso, de bagagem que está carregando. Conforme o tempo passa, o jugo de seus fardos torna-se mais pesado.

Ele criou uma necessidade de sentir-se poderoso a fim de poder procurar refúgio temporário da sombria sensação de fracasso que tanto o incomodou em encarnações passadas. Como resultado, ele vai longe para procurar nesta vida uma ocupação que o coloque em uma posição de autoridade.

Ele suportou tanto dano ao ego em vidas passadas que, agora, experimenta uma necessidade intensa de provar a si mesmo que é merecedor de respeito. Ele cairá em profunda depressão quando confrontado com a possibilidade de outros o acharem deficiente em qualquer área. Para evitar que isto aconteça, irá sempre em direção ao sucesso, não importa quanto custe.

É quase certo que, em algum momento nesta vida, a intensidade de seu carma fará, ao menos circunstancialmente, que se envolva com a polícia.

Quando atinge seu Nódulo Norte em Escorpião, este indivíduo experimenta uma transformação completa. Ele começa a liqüidar antigos padrões de comportamento. A experiência o ensina como cortar os laços limpamente a fim de que não caminhe para o futuro com os pés atados ao passado. Seu maior crescimento acontece quando é capaz de abandonar-se.

Necessidades interiores de dependência precisam ser transformadas em indepedência completa de pensamento e ação. A força aumenta com o passar dos anos, enquanto ele afasta vagarosamente de sua consciência tudo que o oprime.

Ele precisa aprender como, objetivamente, analisar os resultados de seus desejos subconscientes, a fim de que possa adquirir respeito próprio através da prática de disciplina pessoal.

Estes Nódulos simbolizam a alma que por muitas vidas tem se movido ao longo de um caminho decadente. Agora, o recipiente da alma está para ser entornado a fim de livrar-se do lixo que foi acumulado.

Realizar o carma deste processo de virada é extremamente doloroso para o indivíduo, pois ele pode perder tudo que sempre manteve que gostaria.

próximo e querido. No fim, inquestionavelmente, cede mais do Esta transformação é tão poderosa que muitos com estes Nódulos eventualmente passam seus últimos anos sozinhos. No processo de eliminação do excesso eles descartaram tudo, menos a si mesmos.

Contudo, muito disto é necessário se o indivíduo quer alcançar o ponto onde possa ver claramente a si mesmo, nos níveis mais profundos. E da morte simbólica de tudo que uma vez possuiu, virá sua nova vida.

A posição da casa do Nódulo Sul indica a área que se tornou decadente, como resultado de encarnações passadas. A posição da casa do Nódulo Norte mostra o caminho no qual o renascer da vida atual pode ser consumado.

Nódulo Norte em Sagitário/Nódulo Sul em Gêmeos

A palavra-chave aqui é promessa. Durante muitas vidas este indivíduo esteve envolvido em dualidades, resultando em indecisão. Ele tentou ser tudo para todas as pessoas e, como resultado, acabou sintonizado com a superficialidade. Agora ele tem fortes lições cármicas a aprender nas áreas da lealdade e dedicação. Finalmente, chegará a ver que jogar nos dois lados contra o meio só pode levá-lo a se tornar o recheio de um sanduíche, esmagado no meio. Contudo, ele retém de vidas passadas um medo de se comprometer completamente com qualquer dos lados pois, pelo menos a nível superficial, ele vê em ambos a verdade e o direito. Ele ainda acredita que um compromisso definitivo com um dos lados o deixaria com o sentimento de perda da oportunidade inerente no outro.

Esta habilidade de continuar descompromissado permite-lhe ajustar-se constantemente às necessidades do momento. Como o camaleão, suas cores mudam conforme o ambiente.

Em encarnações passadas ele não foi muito discriminador, sabendo que realmente não importava onde se filiasse pois, de qualquer modo, nunca se daria por inteiro. Agora ele balança como folha na brisa pronto para ser levado, mesmo por um breve tempo, pelo vento.

Propositalmente, faz de si o peão das pessoas e, mesmo que por um momento parece concordar com elas a fim de que temporariamente possa se sentir aceito e fazendo parte de algo.

Por muitas vidas seu senso de auto-identidade tornou-se não meramente uma simples divisão, mas repleto com todas as dúvidas e questões dos que estavam em contato com ele. Uma vez que tantas pessoas formaram os blocos que construíram o seu Eu interior, é impossível para ele ser qualquer coisa que não um hipócrita!

Ao falar, sua expressão facial, assim como sua linguagem corporal, mudarão de sentença para sentença, tomando a aparência da pessoa cujas palavras está tentando passar como suas. De fato, quando ele faz uma declaração positiva definida, seus olhos estarão sempre examinando o ouvinte para perceber se o que disse foi recebido como verdadeiro. Caso contrário, não se importará, pois ele agora começará a falar incessantemente tentando uma afirmação após outra, na esperança de que em algum lugar de sua coleção de informações algumas poucas palavras possam ser dignas de crédito.

Ele adora a atividade e quando as circunstâncias o fazem sentir-se aprisionado ou encalhado, torna-se altamente nervoso e agitado.

Sempre superprogramado, luta para lidar com as miríades de detalhes e pessoas que preenchem sua vida. Ele tem tanto a fazer e, ainda assim, no final de cada dia, sente-se distante de seu propósito.

Em encarnações passadas ele nunca desenvolveu um tempo de atenção suficiente. Como resultado, gasta muito tempo de sua vida mudando constantemente de idéia sobre tudo.

Em certo momento entrará em conflito entre viver na cidade ou no campo, mas o conflito é realmente entre a continuação de sua necessidade, de vidas passadas, de estar com as pessoas e seu desejo atual de se afastar delas.

A orientação não chega cedo. Mais freqüentemente, isto acontece com a ajuda dos pais ou uma pessoa mais velha, que o coloca em seu curso. Isto ocorre, freqüentemente, depois dos 28 anos de idade.

Além de tudo isto, ele é instável: tem andado tão ocupado descobrindo sombras em tudo, que tem dificuldade em perceber a luz da verdade em si mesmo.

Para este indivíduo, a maior tarefa de vida envolve uma busca por sabedoria superior. Através do Nódulo Norte em Sagitário ele precisa aprender que, para o Homem ser capaz de ver a verdade, ele precisa, primeiro, tornar-se a verdade!

Ele irá longe, se ensinar a si mesmo a falar a partir de sua mente superior, pois o sentido esotérico de tudo que diz irá, finalmente, lhe mostrar sua identidade real.

Quando começar a se entrosar com o Pensamento Transcendental, ele começará a atingir a união espiritual dentro de si.

Primeiro precisa trabalhar, através de seu carma de eternizar trivialidades, e chegar a ver que participar de fofocas é o maior pecado contra a liberdade. Então, ele precisa virar as costas para todos os resíduos de aparente sofisticação de vidas passadas e tentar alcançar tudo que é *real* e *natural*. Finalmente, ele chega a ver que, embora uma moeda tenha duas faces, ainda é uma moeda! Quando ele desenvolver esta perspectiva de visão, estará apto a transformar o conhecimento que adquiriu em Sabedoria Divina.

A posição da casa do Nódulo Sul mostra a área onde conflitos de personalidade de encarnações passadas ainda incomodam a mente inferior. A posição da casa do Nódulo Norte mostra os caminhos nos quais uma Consciência Superior pode ser transformada num veículo que o capacite a superar todos os conflitos.

A evolução de sua vida atual o libertará da escravidão da indecisão e, em seu lugar, dá a ele lampejos da Verdade Universal.

Nódulo Norte em Capricórnio/Nódulo Sul em Câncer

Este indivíduo está aprendendo como alcançar a maturidade. Em encarnações passadas teve uma tendência de olhar a vida através de lentes cor-de-rosa, vendo apenas o que queria ver, com forte convicção de que tudo o mais não existia.

Agora, muito do "bebê" permanece em seu Nódulo Sul em Câncer. Ele está tão acostumado a atravessar suas vidas anteriores de muletas, lutando com suas dependências enquanto procura suportes nos quais apoiar-se, que sua vida atual é a confusão resultante de fugas e hábitos infantis que continuam impedindo seu crescimento.

Na verdade, este é o perene infante, desejando manter a todo custo seu papel como foco de atenção paterna. Ele preferiria que seus pais resolvessem os seus problemas. Todos que encontra e conhece, sejam amigos, sócios ou companheiros de casamento, automaticamente tornam-se seus pais simbólicos, para recolherem os pedaços de sua miséria e protegê-lo de ser derrubado pelo desmoronar do céu que ele criou. Ele até mesmo cria suas próprias doenças, caso tragam consigo a mais leve indicação de conquista de amor e afeição.

Praticando constantemente tornar-se um adulto, parece nunca estar pronto ou desejar que a transição seja realizada totalmente. De algum modo ele continua sentindo que, antes de mais nada, necessita de muito mais prática, antes.

Tudo o que faz nesta vida é baseado na lembrança de sua alma de suscetíveis sentimentos de vidas passadas, que ainda são despedaçados pela mais leve rejeição.

Muitos indivíduos com estes Nódulos acabam fortemente envolvidos em servir seu país. Eles personalizam o Governo, pois para eles ainda é parte, num sentido mais amplo, de sua própria família Canceriana.

Sob este aspecto há um raro sentimento de patriotismo e lealdade. Muitos com estes Nódulos focam grande parte de sua força e atenção em pessoas mais jovens.

Eles apreciam ouvir os problemas e atribulações de outros, mas eles próprios não sendo rápidos solucionadores de problemas, têm a tendência a guardar todas as coisas dentro de si. Quando o peso dos problemas aumenta, pelo acúmulo de camadas parecem envelhecer a despeito de si mesmos.

O problema cármico mais difícil do Nódulo Sul em Câncer é aprender como se soltar. O indivíduo traz consigo para esta vida tão fortes temores internos de perder ou esquecer qualquer coisa, que continua fazendo esforços especiais "extras" para manter tudo que já viveu. Desta forma, torna-se a lata de lixo psíquico do passado. Está pensando constantemente sobre o seu presente em termos do que deveria ter feito anos atrás ou "vidas atrás". Freqüentemente pode ser visto classificando velhas fotos, esperando criar seu futuro a partir de fragmentos do passado.

Às vezes é extremamente absorvente, usando tudo que é feito para ele como um trampolim para pedir mais. Ele testa a paciência de outras pessoas com todos os seus problemas emocionais e muito depois de as soluções lhe terem sido dadas, recusa-se a ver a lógica através da sua nuvem de emoções. Ele não está muito interessado em descobrir por que algo deu errado, pois está procurando recuperar o sentimento perdido.

Para ele as despedidas são especialmente difíceis. A palavra "adeus" nunca fez parte de seu vocabulário, pois sempre tentou preservar todos os seus relacionamentos, o maior tempo possível. Seu comportamento não é diferente em relação a objetos, uma vez que tende formar ligações permanentes com as lembranças nostálgicas que estes trazem consigo.

A principal lição cármica no Nódulo Norte em Capricórnio é identificar-se com um ideal maior que a sua vida pessoal. O indivíduo precisa, basicamente, comprometer-se a despeito de todas as suas dificuldades reais ou imaginárias. Ele precisa compreender a verdadeira responsabilidade.

Muitos com estes Nódulos, eventualmente, tornam-se autodesignados representantes de tradição. Eles prefiririam morrer a ver um estranho descobrindo qualquer parte de sua vida pessoal que contradisse o princípio que escolheram professar.

Através do Nódulo Norte é estabelecida uma imagem para a qual os outros possam olhar e, depois modelar suas vidas. Às vezes, as dificuldades pessoais esgotam-lhe a força de sustentar esta imagem e, ainda assim, deve sustentá-la, mesmo que signifique sacrificar toda sua vida. No máximo de seus esforços ele é capaz de se tornar um grande planejador, metódico e cauteloso, uma vez que aprenda a superar a tendência de vidas passadas de reagir emocionalmente.

Na carta natal das mulheres, estes Nódulos representam uma incomum procura por uma figura paterna. Nos homens, há uma forte consciência da necessidade de desempenhar o papel do pai.

O mais importante sobre o Nódulo Norte em Capricórnio é que representa o ponto através do qual o indivíduo encontrará sua missão cármica. Por esta única razão, muitos com estes Nódulos tendem a relutar em aceitar o pleno conceito de maturidade. Eles preferem permanecer num estágio imaturo tanto tempo quanto for possível, pois sentem que um tipo de julgamento espera por eles.

Como um homem condenado desejando um adiamento da execução após o outro, procuram esconder-se atrás dos outros, mais e mais, movendo-se constantemente para o fim da fila a fim de evitar o confronto com os efeitos de tudo que criaram. Esta é a razão pela qual muitos deles têm grande dificuldade em aceitar sua própria idade cronológica. Embora admitam abertamente suas idades, tentam não vivê-la.

Há muitos resíduos de imaturidade de vidas passadas. A alma tornou-se fixada num ponto anterior do crescimento. Agora, há uma grande dificuldade de ultrapassar este ponto. Contudo, ele será ultrapassado se o indivíduo finalmente se comprometer com alguma coisa.

A constelação zodiacal de Capricórnio é o portal pelo qual a alma precisa passar, quando deixar o corpo físico; e neste mais misterioso dos signos, ela passará por uma inspeção diante dos Juízes destes portais. Embora esta possa não ser a última encarnação na terra, ela irá definitivamente, pela posição da casa, receber o julgamento cármico em uma área da vida. O indivíduo com estes Nódulos Câncer/Capricórnio irá debater-se metade de sua vida em total abandono e então, um dia, conforma-se com o ditado: "Há coisas muito melhores a fazer do que jamais fiz antes."

A posição da casa do Nódulo Sul indica a área na qual o resíduo cármico da imaturidade verte para a vida atual. A posição da casa do Nódulo Norte mostra os caminhos que o indivíduo pode agora penetrar como adulto responsável, através do alinhamento de sua vida com os princípios de honra, respeito e tradição.

Tão logo aprenda como fazer isto, estará destinado a uma vida de esplêndida realização.

Nódulo Norte em Aquário/Nódulo Sul em Leão

Estes Nódulos representam a luta entre a vida pessoal e uma dedicação impessoal à humanidade. O Nódulo Sul em Leão simboliza vidas anteriores onde muito revolveu em torno do Ser. O Nódulo Norte em Aquário aponta para um futuro de serviço à humanidade, onde o indivíduo assumirá o papel de "Aguadeiro", a fim de que seja um instrumento na cruzada pela evolução do mundo. Antes que possa fazer isto, precisa lidar com o enorme poder do Nódulo Sul em Leão.

Ele possui, de encarnações passadas, a tendência de desprezar outras pessoas e assim ser condescendente com seus pensamentos e idéias. Há um intenso orgulho que o conduz em direção a ser bem-relacionado, tanto quanto em planejar sua vida para que seja visto e conhecido por estar em companhia de pessoas especiais. Ele faz distinção entre a realeza e o homem comum, colocando a si mesmo e aos que estão próximos de si em pedestais. Entendendo-se como o ponto central do universo, vê sua poderosa vontade como meio de obter seus fins, em vez de adaptar-se a uma aceitação justa da vida.

Seu carma, agora, é aprender como caminhar levemente, sem deixar rastros, pois em essência, ele é como um soberano aprontando-se para abdicar de seu trono.

Constantemente seu Ego da vida passada se manifesta impedindo-o de alcançar a felicidade que procura.

Estes Nódulos provocam grandes dificuldades no casamento, pois o indivíduo experimenta uma forte tendência para dominar os que lhe são próximos. Quando não pode fazê-lo, torna-se um eremita total, libertando-se de toda a responsabilidade por simples desgosto.

Embora peça conselhos, ele ainda precisa fazer as coisas a seu modo.

Seus maiores conflitos centralizam-se ao redor do que é artificial e do que é real. Há muito do romantismo dos mártires no Nódulo Sul em Leão e, por isso, é fácil adotar o papel de Dom Quixote perseguindo os moinho de vento!

Ele precisa aprender como deixar cair as máscaras, basicamente descobrindo que demonstrações de dignidade centradas no Ego são provenientes de hábitos de vidas passadas e fazem muito pouco, agora, para trazer-lhe qualquer felicidade duradoura.

Para aqueles que considera próximos e queridos, ele é altamente protetor e, ainda assim, tem a estranha tendência de perambular, encontrando nas suas jornadas muitos extraviados e abandonados da sociedade. Nestas regiões mais distantes, onde a sociedade ignora suas possibilidades existenciais, ele descobre novos horizontes a explorar e conquistar.

Ele está destinado a passar parte de sua vida sozinho pois seu caráter único é muito autoritário para ser prontamente aceito pela maioria das pessoas. Apesar de gostar que outros reconheçam e aplaudam suas realizações grandiosas, ele não pode dignar-se a procurar as pessoas. Sua alma recorda uma sensação de orgulho que agora o proibe de comprometer sua dignidade.

Se lhe é dada a causa certa sacrificará toda sua vida por ela. Não é a simpatia dos outros que o interessa mas sim a admiração deles por suas ações gloriosas.

Ele rejeita a mediocridade, observando-a como uma ameaça a sua sempre presente tentativa para alcançar o topo.

Se é do tipo negativo pode até usar as pessoas para alcançar seus fins. Amigos, vizinhos e parentes tornam-se degraus na sua escalada para o sucesso.

Através do Nódulo Norte em Aquário aprende a superar a sensação de prestígio de vidas passadas e desenvolve o conceito de Fraternidade Universal. Ele precisa, essencialmente, chegar a ver a si mesmo como parte de uma grande esfera cósmica, na qual seu papel é partilhar o peso da evolução humana. Ele atingirá sua grande felicidade quando deixar de lado suas próprias necessidades e substituí-las por uma nova atitude humanitária em relação a tudo que vê ao seu redor.

Deve esquecer o orgulho e buscar novos horizontes, não importando quão excêntricas suas idéias pareçam aos outros. Através do Nódulo Norte lhe é dada a promessa de uma aventura única, através da qual ele poderá fazer uma contribuição importante para o progresso da civilização.

A posição da casa do Nódulo Sul indica a área que é muito sobrecarregada pelo desejo da realização pessoal. A posição da casa do Nódulo Norte mostra como o indivíduo pode libertar-se dos grilhões do seu ego de vida passada, realizando a missão pela humanidade para a qual ele foi destinado.

Nódulo Norte em Peixes/Nódulo Sul em Virgem

Esta é a posição Nodal mais difícil para se lidar no campo da consciência. Aqui, como resultado de muitas vidas, o indivíduo começa a perceber sua própria rigidez. Ele está consciente de seus esquemas e quanto estes o magoam; ainda assim, acha difícil deixá-los. Em vidas anteriores ele viveu na consciência de um universo limitado, onde tudo estava bem-estruturado. Agora ele é confrontado com a compreensão de que a verdade se estende além do que seus sensos finitos podem medir ou mesmo perceber.

Ele é inevitavelmente confrontado com situações, circunstâncias e eventos que o forçam a renunciar a seu apego ao plano físico. Contudo, ele ainda tenta viver como o salmão — nadando contra a correnteza, não se importando com a direção das forças da natureza.

Ele ainda busca ordem. De fato, sua necessidade de organização rígida é tão forte que desenvolve problemas médicos no centro do corpo por personalizar uma rigidez que aumenta a tensão nos órgãos internos. Constantemente ele suprime os desejos para fazer o que lhe parece apropriado, pois gostaria de manter uma imagem de respeitabilidade.

Em encarnações passadas, construiu sua compreensão com base nos fatos, e não de ouvir dizer. Agora, ele aceita somente o que vem da "mais alta autoridade".

Ele busca formas de livrar-se da irritabilidade nervosa que sempre o domina e, ainda assim, impõe condições para a cura.

Ele precisa aprender como mergulhar nas águas da Consciência Cósmica e neste batismo de pensamento pode verdadeiramente experimentar um novo nascimento. Antes que possa fazer isto, entretanto, precisa primeiro superar seu medo cármico de viver em um mundo contaminado.

Ele chega a esta vida acreditando que o mundo é repleto de perigos e, portanto, questiona constantemente as credenciais das pessoas e condições que pretendem adentrar sua vida. Todas as coisas estranhas ao ser representam ameaça de doença e é por causa deste pensamento que, de tempos em tempos, a doença realmente acontece.

Para muitos com estes Nódulos há um forte resíduo de problemas sexuais deixados de encarnações passadas. A privação de experiências sexuais ou a forte determinação de evitar mágoas emocionais através desta, leva-os, por isso, a procurar uma melhor compreensão na vida atual. Alguns são puritanos confirmados, enquanto outros são capazes de ser fisicamente receptivos e emocionalmente frios ao mesmo tempo.

A mente é tão analítica que a vida pode facilmente se transformar na manipulação de um jogo de xadrez. Este indivíduo tem um olho aguçado para detalhes e nunca despreza o óbvio. Ele é um perito em resolver quebra-cabeças, disposto a passar muitas horas tediosamente tateando pela resposta, mas pode ficar tão envolvido com aquilo que está fazendo que freqüentemente perde a perspectiva. Sua tendência discriminativa de vidas passadas freqüentemente leva-o

54

agora, a separar o que deve ser deixado junto. Assim, apesar de ser capaz de uma grande clareza de pensamento, não experimenta uma completa paz de espírito.

Através do Nódulo Norte em Peixes ele precisa aprender a Fé. Quando parar de separar o mundo em pequenos compartimentos ordenados, alcançará seu primeiro vislumbre da Consciência Universal. Finalmente, ele alcançará a compreensão de que tudo é um e um é tudo. Antes disto acontecer, precisa aprender como parar de ver a si mesmo como separado do resto do mundo.

Ele passará por experiências que o forçarão a tornar-se mais compassivo.

Quando começa a ver seus planos muito bem-traçados dissolvendo-se em nada, ele começa a enxergar os outros numa luz diferente. Finalmente, ele simbolicamente experimenta a dor de todo o universo, a fim de fortalecer seu Amor Divino, a ponto de se recusar totalmente a julgar os outros.

Ele progride muito, familiarizando-se com o caminho espiritual da vida. Seu crescimento estende-se tão longe quanto seus braços podem alcançar. Enquanto o braço do passado ainda se agarra a suas restrições auto-impostas, o braço de seu futuro está buscando uma alternativa superior. Somente seu fracasso em se abandonar completamente é que o impede de atingir a transição perfeita para o estado pleno da mente Superior. Ainda assim, alcança o ponto em que ocasionalmente chega a vê-lo.

De tempos em tempos sua notável intuição revela a misteriosa essência da vida para ele, embora as lembranças de encarnações passadas de sua praticidade Virginiana motivem dúvidas a cada ponto. E assim, a meio caminho entre um mundo e outro, estes Nódulos mutáveis estão em constante estado de mudança.

Chegando ao seu destino, mas inseguro quanto a isto, ele continua voltando atrás, para começar novamente sua viagem. Cada vez dá mais um passo em direção ao infinito, onde finalmente destruirá os grilhões de seu passado rigidamente formado, e renascerá de novo como um puro espírito.

A posição da casa do Nódulo Sul indica a área na vida ainda muito rigidamente envolvida em uma idéia pessoalmente superestruturada.

A posição da casa do Nódulo Norte mostra como a alma pode renunciar a seu apego a toda e rígida definição de forma e estrutura, a fim de que possa ser livre para nadar no "Oceano de Deus".

CAPÍTULO IV

OS NÓDULOS LUNARES ATRAVÉS DAS CASAS

Nódulo Norte na Primeira Casa/Nódulo Sul na Sétima Casa

Este indivíduo está aqui para passar por experiências que desafiem o ser. Em encarnações passadas ele caiu na armadilha de depender de pessoas incapazes de corresponder à sua confiança.

Gastando muito tempo na tentativa de ajudar os outros a se compreender, nunca parou para refletir, como estas mesmas situações e circunstâncias das outras pessoas representaram um papel importante em sua própria identidade. Como resultado de colocar a ênfase fora de si torna-se agora difícil para ele ver quem realmente é. Isto é particularmente forte se Netuno é encontrado perto do Ascendente.

Este Nódulos indicam encarnações passadas nas quais o indivíduo mergulhou sua identidade nos afazeres dos outros. Casamento e associações estão tão profundamente enraizados em sua forma de fazer as coisas, que esta procura de si mesmo é constantemente vista através dos olhos de outras pessoas. Portanto, permite que os pensamentos e opiniões de outros a seu respeito influenciem seu próprio senso de identidade.

Finalmente, precisa livrar-se da escravidão de tentar ser tudo para todas as pessoas e, à luz de sua própria vibração singular, estabelecer quem realmente é. Ele precisa deixar de viver na sombra da vida de outras pessoas.

As lembranças de sua alma, de cooperação e trabalho em conjunto são tão fortes que, toda vez que se volta para elas, se anula por causa dos outros.

Seu Nódulo Norte na Primeira Casa traz, agora, a consciência que de algum modo ele perdeu sua identidade. Mergulhado no desejo de agradar, tornou-se um reflexo de um ideal peculiarmente oposto a sua própria natureza essencial. Isto lhe causa muita dor na vida atual, uma vez que deseja sair de si mesmo. E, ao mesmo tempo, não ferir os que lhe estão próximos.

Finalmente, ele precisa aprender como assumir adequadamente o papel de liderança. Isto é extremamente difícil pois ele teve muitas experiência de vida anterior, sendo submisso. Ele se sacrificou para que os outros pudessem atingir suas metas.

Todas as suas experiências importantes giram em torno de uma dócil aquiescência. Agora, o mais elevado potencial de crescimento é estabelecer uma forma de ser ele mesmo. Muito freqüentemente, quando ele se conscientiza de tudo quanto sacrificou através de seu Nódulo Sul, torna-se um extremista, sentindo que um estado de existência inibe o outro. Ele começa a focalizar toda sua energia de vida em torno do desejo de guiar, ao invés de ser guiado. Através de um conhecimento instintivo de que seu Calcanhar de Aquiles está na maneira como ele se permite ser colocado na posição de sofrer uma certa exploração no matrimônio, ele desenvolve a tendência de se tornar muito auto-afirmativo. Ele tenta compensar o que sente que perdeu.

Para alcançar a felicidade na vida atual, precisa aprender como equilibrar igualmente suas próprias necessidades com as dos que estão a seu redor. Ele precisa, deliberadamente, tentar não precipitar sua própria independência e crescimento, com a compreensão de que as mais belas flores levam tempo para desabrochar, enquanto só a erva daninha cresce rápido!

O signo que contém o Nódulo Sul indica os caminhos pelos quais o indivíduo durante encarnações anteriores submergiu-se nos outros. O signo que contém o Nódulo Norte mostra os caminhos pelos quais ele, agora, pode estabelecer seu próprio senso de identidade.

Nódulo Norte na Segunda Casa/Nódulo Sul na Oitava Casa

O indivíduo com estes Nódulos gasta grande parte das energias do lado mais escuro da vida. Ele tem segredos de encarnações passadas e, agora, gasta a maior parte de seu tempo guardando-os cuidadosamente. Sua maior dificuldade é tentar manter uma vida acima de reprovações, pois seu ser inferior é poderosamente forte.

Ele deseja luz, mas cada passo que dá em direção a ela a dor do seu subconsciente culpado bloqueia seu caminho.

Ele viveu muitas experiências em vidas passadas atrás de portas fechadas, onde os olhos da sociedade aberta não podiam ver. Estava

58

até mesmo acostumado a criar circunstâncias enganadoras onde antes não havia nenhuma.

Realmente, ele está testando os limites dos valores de outras pessoas e, embora muitos possam conhecê-lo intimamente, ninguém na verdade o conhece bem.

Interiormente é tremendamente nervoso, por medo de que os outros possam abrir suas portas secretas, pois ele bem sabe que está minando quase tudo o que toca! Ainda assim ele tem autoconfiança para acreditar que tudo correrá bem, não importa para onde suas aventuras, algumas vezes imorais, continuem a guiá-lo.

Porque este indivíduo ainda não estabeleceu seu próprio senso de valores tenta desesperadamente estudar os valores dos outros. Fazendo isto, inadvertidamente, os empurra para fora de seus caminhos e, por isso, pode ser uma ameaça a tudo que para os outros é próximo e querido. Em encarnações passadas destruiu muito de seu próprio sistema de valores; portanto, acha difícil agora compreender por que os outros tratam com cuidado as coisas que fazem. Ele não possui seu próprio interesse nesta vida e então, com nada a perder, sente-se livre para reivindicar os interesses de outros. Geralmente isto é realizado de uma maneira tão sutil que é extremamente difícil de reconhecer.

Há também um forte resíduo de abuso sexual em vidas passadas. Ele aprendeu a pensar em sua sexualidade como sua força, usando-a como apoio para ganhar posse de outros. Na mulher, esta é a estória de Dalila ou Mata Hari, cujos raros poderes sexuais afastaram os homens mais fortes de suas missões determinadas. No homem, muito da energia da vida é dissipada em pensamentos sexuais. Ele não usa isto como poder, no mesmo sentido que a mulher, mas é para ele a reafirmação de que tudo está correndo bem com seu ego.

O mais interessante é que o sexo nunca é o fim, mas sempre o meio. No sistema de troca e barganha, a atração sexual ou a receptividade torna-se o pagamento em troca dos valores dos outros.

Indivíduos com estes Nódulos ficam enciumados facilmente. Constantemente desejam trocar de lugar com quem quer que pareça ter um jardim mais verde e, muito freqüentemente, sentem que o sexo é um preço justo a pagar pelas honras que, eventualmente, possam receber.

De encarnações passadas, este indivíduo sente-se evitado pela sociedade. Agora, nos limites de aceitação, ele é como uma pequena criança perdida na neve, espiando a janela de uma cabana iluminada com a esperança de que alguém chegará e a tirará do frio.

Não consegue discernir, pois deseja tanto um alívio imediato de sua dor atual que, para ele, pouco importa se está pulando da panela para o fogo.

Ele se volta para onde o conforto está disponível, pois suas lealdades ainda não alcançaram o estado de evolução no qual elas possam ser consideradas totalmente confiáveis.

Em sua infância, nesta vida, sente o medo da morte, quase como se a morte em si pudesse ser a punição lógica para toda a sua má conduta em encarnações passadas.

Ele continua sentindo que tem que lutar pelas coisas de que necessita, pois não tem a sensação de merecê-las ainda. Quando se vê incapaz de atingir o lado claro da vida, acusa secretamente os outros pela sua má-sorte.

Em raros casos este indivíduo precisa superar tendências criminosas de vida passada ou resíduos de bruxaria. Somente através do cultivo adequado de seu Nódulo Norte na segunda casa ele pode criar a substância que o levará a um novo renascer.

Aqui a memória de vidas passadas deve ser trazida para a superfície e depois eliminada totalmente nesta oitava casa da morte, antes que a alma possa prosseguir em uma nova escala de valores.

O indivíduo precisa aprender a desenvolver e construir aquilo que é realmente significativo para ele, compreendendo claramente que aquilo que é obtido de forma desonesta é muito difícil de se preservar. Ele não pode esperar se desenvolver através do esforço de outras pessoas, pois se deseja cruzar a ponte precisa pagar a taxa de seu próprio bolso.

Tão logo ele cresça para esta realização, a porta da cabana iluminada se abrirá para ele: não através da bondade dos outros, mas porque ele a mereceu.

O signo que contém o Nódulo Sul indica as formas pelas quais encarnações passadas fizeram o indivíduo se preocupar demais com os negócios alheios.

O signo que contém o Nódulo Norte mostra as formas pelas quais ele pode, agora, construir uma nova e significativa vida para si pelo estabelecimento de seu próprio sistema de valores.

Nódulo Norte na Terceira Casa/Nódulo Sul na Nona Casa

Estes Nódulos representam um carma nos relacionamentos. O indivíduo está aqui para aprender como integrar o entrelaçamento de pessoas e idéias à espera de sua compreensão.

60

O Nódulo Sul na Nona Casa mostra uma ênfase no desenvolvimento em vidas passadas. Literalmente, milhões de horas de pensamento foram gastas para desenvolver em abundância a sabedoria. Muito foi sacrificado para fazer isto, particularmente o prazer de relacionamentos significativos como outros. Para que muito do crescimento da alma pudesse ser consumado, a liberdade de explorar sem restrições ou limitações teve que ser desenvolvida primeiro.

Agora, na vida atual, o indivíduo está ligado à sensação de liberdade de sua encarnação passada e, apesar de sentir que precisa retê-la, não pode mais conscientemente lembrar-se o por quê.

De vez em quando ele sente vontade de viajar para visitar horizontes diferentes pois em algum lugar à distância está o arco-íris que está acostumado a procurar. Ele é um nômade mental, viajando constantemente através da grande expansão de sua consciência, parando somente para descansar em cada oásis que ofereça abrigo temporário a seu impulso inquieto.

Está sempre procurando, ainda que seja difícil definir exatamente o que procura. Ele acha os outros confusos enquanto, curiosamente, tenta compreender o que os faz palpitar. Aqui estão contidas algumas de suas principais lições cármicas. Ele precisa aprender como interagir com as pessoas. Embora ele possa estar bem-casado, ou envolvido em relacionamentos íntimos, ainda mantém uma postura de solteiro em seus pensamentos. Ele precisa aprender, agora, como fazer sua vida se ajustar ao lugar exato do quebra-cabeças permitido por todos os que vivem a seu redor.

Os caminhos pelos quais ele se relaciona e se comunica serão constantemente testados, uns após os outros. Finalmente, ele se verá emaranhado em uma rede de pessoas de forma que todo o conhecimento adquirido em vidas anteriores possa ser posto em prática.

Nos relacionamentos de sua vida atual ele se sente frustrado com o pouco espaço que lhe sobra. O cerco de pessoas a seu redor chega, eventualmente, a extinguir sua tendência de vidas passadas de ser evasivo e, em seu lugar, o ensina a arte de se comunicar.

Ele se preocupa muito com os valores de sexualidade, sentindo-se obrigado a conquistar qualquer amarra que esta força tenha sobre ele. Agora, ele vê claramente a presença de um ser superior e de um ser inferior, e é livrar-se dessa tensão que ele precisa carmicamente combater.

O indivíduo está menos interessado em ganhar do que em proteger-se contra a perda. Ele teme terrivelmente perder a liberdade a que foi acostumado em encarnações passadas: ainda assim, deve arriscar tal perda se quer interagir com a humanidade. Tão logo

61

queira correr o risco, estará pronto para receber suas maiores recompensas.

Finalmente, ele se eleva através da leitura e estudos dirigidos e, apesar de estar mais acostumado a caminhos informais de aprendizagem, será uma educação formal que, agora, permitirá uma visão global para ele.

Esta posição nodal freqüentemente provoca um casamento com atritos, uma vez que o indivíduo está inclinado a procurar relacionamentos fora do matrimônio dos quais resulte a compreensão das interações de personalidades que ele precisa desenvolver.

Uma de suas maiores lições é aprender como fortalecer suas energias, pois cada vez que sente a urgência de se afastar das coisas ele tende a deixar pontas soltas espalhadas atrás de si.

Sua vida é ampla em perspectiva, não só em áreas de conhecimento, mas também na miríade de pessoas que encontra e a quantidade de locais por onde viaja.

Ele finalmente irá ser conhecido como um Mensageiro, trazendo a todos que precisam a informação específica que, como o maná dos céus, é colocada em suas mãos no momento da fome.

Em essência, ele é o mestre dos mestres pois, apesar de ter pouca paciência com uma situação de sala de aula, ele é bem capacitado para fornecer informação onde e quando for necessário; ele gosta de fazer isto porque preenche sua necessidade de movimentação de vidas passadas. Assim ele nunca consegue ver como realmente são importantes as informações que está propagando. Contudo, tem um tremendo efeito sobre a consciência de todos aqueles cujas vidas ele toca.

Sua própria vida é tão interessante e completa como uma enciclopédia, pois ele tenta viver muito daquilo que lê.

Por toda sua movimentação alguém poderia pensar que ele está desejoso por um descanso; entretanto, é tremendamente nervoso e necessita desta grande quantidade de movimentação em sua vida. O nervosismo não deve ser considerado um traço negativo, mas sim parte de sua missão, pois isto o faz lembrar que tem uma tarefa a cumprir. Toda vez que uma informação chega a sua mente o nervosismo torna-se um gatilho, lembrando-o de que ele precisa liberar essa informação em algum lugar.

Em encarnações passadas ele evitou conclusões. Agora ele se recusa a fazer um julgamento final sobre qualquer coisa. Isto é parte de sua compreensão de que, se fosse para ele tomar uma decisão final, seria prematuro — pois ele sabe que novas informações constantemente estarão chegando!

Ele está superficialmente familiarizado com quase todas as áreas. Assim, no plano pessoal, ele é extremamente incompreendido, pois as mensagens que emite são tão unicamente dissimuladas e têm a tendência de passar por cima das cabeças dos outros, que o vêem eternamente fofocando sobre nada.

A verdade é que todas as suas palavras são importantes, mas elas precisam ser vistas como portadoras de valores mais profundos do que superficiais, antes que possam ser interpretadas apropriadamente; ele é verdadeiramente o mensageiro alado dos deuses.

O signo que contém o Nódulo Sul indica os caminhos incompreensíveis pelos quais a mente superior livre está acostumada a receber suas informações codificadas. O signo que contém o Nódulo Norte mostra os caminhos pelos quais o indivíduo pode agora traduzir seu conhecimento em uma linguagem que a sociedade possa entender e aceitar.

Nódulo Norte na Quarta Casa/Nódulo Sul na Décima Casa

Este indivíduo precisa aprender a superar o sentimento cármico de que é o centro vital de todas as situações a sua volta.

Ele chega nesta vida atual com memórias subconscientes de um senso de dignidade do passado que o leva a acreditar que pelo menos algumas áreas da experiência de vida estão aquém dele.

Suas encarnações passadas o colocaram na posição de ser capitão de seu próprio navio; senão, comandante de outros. Como resultado, ele está acostumado a assumir uma posição autoritária, sempre que a fraqueza de outros provoquem sua necessidade poderosa de asumir o comando.

Ele gosta do papel de protetor e vai a extremos para preencher sua vida com aqueles cujas fraquezas os coloquem sob seu domínio; fazendo isto ele está constantemente testando seu próprio poder de se erguer.

Esta é uma posição solitária, pois aqui o indivíduo está muito envolvido com sua missão auto-imposta, nunca permitindo que outros vejam seu verdadeiro ser interior. O que ele mostra é uma fachada do papel que se sente obrigado a fazer.

Na vida atual ele passa por experiências que o ensinam como sair do seu arranha-céu e assegurar-se de suas fundações.

É na área de seus mais íntimos relacionamentos, dentro de sua própria família, que o palco é montado para sua batalha perpétua de vida na tentativa de ganhar controle de suas próprias raízes.

Muitos com estes Nódulos têm pais extraordinariamente exigentes cujas expectativas os encorajam a acreditar que estão verdadeiramente destinados a alcançar a posição de se sentarem no topo do mundo. Como resultado, estão descontentes com qualquer situação em que se encontrem, pois geralmente não correspondem ao que sentem que foram destinados.

A lição cármica aqui é que "mais vale um pássaro na mão que dois voando". O indivíduo precisa superar sua presteza em abandonar o que tem pela possibilidade de conseguir o que não tem.

É tão relutante em se ver em uma posição secundária que, quando circunstâncias o forçam a fazer isto, ele pode, em casos extremos, até pensar em suicídio pois acredita firmemente que sem alcançar algum grande destino a vida é completamente sem valor.

Esta encarnação o dirige através da experiência de enfrentar o conflito entre uma carreira para si e as exigências de sua família.

Ele precisa amadurecer, pois com toda sua força, poder e dignidade projetadas, ele é quase um inválido quando precisa solucionar seus próprios problemas emocionais. Ele precisa examinar suas raízes e, depois de tirar sua cabeça das nuvens do seu passado, construir uma base prática para seu futuro.

Finalmente ele aprende que organizando a vida dos outros está simplesmente se distraindo de pôr sua própria vida em ordem.

A relacionamento estabelecido com os pais, desde cedo na vida, é mais importante neste Nódulo do que em qualquer outra posição do zodíaco. Aqui o indivíduo gastará muito da energia de vida tentando ser totalmente livre e independente de seus pais, embora sempre consciente de quanto precisa deles. Contudo, os padrões de reação à vida continuam a mostrar um claro desafio aos pais, mascarando uma forte necessidade do seu amor.

Esta alma está num momento cármico onde ele se sente depreciado por todos os seus esforços. O resíduo de encarnações passadas está baseado na realização, à procura de reconhecimento e apreço. Agora a realização é sua própria recompensa. A alma precisa parar de tentar ganhar audiência para suas ações, percebendo que a audiência estará sempre lá se suas ações forem suficientemente grandiosas. É neste processo de procurar uma audiência, através do qual o indivíduo tende a perder-se que ele precisa, literalmente, transformar sua quarta casa em um novo nascimento de atitudes emocionais, aprendendo a lição de que quando um homem fica na ponta dos pés ele está instável.

Sua vida é como uma bela orquídea: uma esplêndida visão para se contemplar, quando crescida e alimentada sob o mais delicado

64

controle de condições ambientais. Mas, uma vez que a orquídea estiver pronta para exibição será cortada de suas raízes e, seguramente, murchará e certamente morrerá após algum tempo. Este indivíduo se deparará com a escolha entre ser uma orquídea em um jardim ou sacrificar sua própria felicidade para ser a mais bela flor na lapela de alguém. Tão logo ele supere sua necessidade de vida passada de exibição, poderá começar a crescer para a maturidade que está desesperadamente procurando.

O signo que contém o Nódulo Sul indica os caminhos pelos quais ele ainda superenfatiza sua importância. O signo que contém o Nódulo Norte mostra como ele pode crescer para tornar-se uma substância tão plena emocionalmente que não mais terá que identificar sua felicidade com a memória de auto-estima de sua alma em vidas passadas.

Nódulo Norte na Quinta Casa/Nódulo Sul na Décima-Primeira Casa

Aqui o indivíduo está aprendendo sobre o Processo Criativo. Ele gasta muito tempo nas nuvens, atrelando seu vagão a algum sonho distante ou ponderando através de sua profusão de idéias fantásticas. Em encarnações passadas ele viveu para a realização de seus desejos. Agora seu mundo transparente de delicados sonhos está tão ornamentado com a fragrância acumulada de promessas, que é preciso muito estímulo de ações reais para sacudi-lo e libertá-lo.

Desde pequeno ele aprendeu a ser um observador de pessoas, gastando a maior parte de suas horas conscientes ponderando as possibilidades das ações de outras pessoas. Como resultado de vidas passadas ele aprendeu como ser altamente imaginativo e inventivo; às vezes até engenhoso, mas costuma gastar muito do seus poderes mentais elaborando os intricados enredos de seu fantástico sonhar acordado.

Ele nunca pára de se surpreender com as excentricidades que pode evocar dentro de sua própria mente, mas por toda sua ingenuidade é uma das pessoas menos práticas do zodíaco. Ele está sempre profundamente emaranhado em pensamentos. Mas, o que realmente está fazendo é buscar símbolos que o proverão de novos materiais para futuros sonhos.

Seu carma é aprender a importância dos sonhos, vistos que eles podem explicar sua vida. Finalmente, chega a perceber que toda a sua existência consistiu em dramatizar seus sonhos a ponto de ter-se tornado fantoche de suas próprias fantasias.

Quando ele volta à Terra, seu primeiro instinto é procurar amigos que, em aparência ou comportamento, o façam lembrar das personagens de seu delicado mundo de fantasias.

Sua mente está constantemente vagueando no futuro distante, e, lá, na ficção científica de um século ainda por viver, ele se entrega à fascinação das mais remotas possibilidades que, por outro lado, poderia ter pouco ou nenhum sentido em sua vida atual. Ainda assim, ele gosta de ponderar.

Ele pensa muito sobre o valor de seu trabalho, bem como no efeito de sua infância, os quais ele culpa por suas dificuldades em lidar com seus impulsos sexuais.

A verdade é que nem seu trabalho nem seus pais nem mesmo seus impulsos sexuais realmente o aborrecem mas, pelo contrário, sua frustração aparece a partir da lacuna que vê entre a realidade de seu mundo de sonhos de vida passada e as duras circunstâncias de seu despertar em cujas fronteiras e limitações sua vida atual é vivida.

Ele acha difícil compreender por que há uma barreira entre os sonhos e as ações e, como resultado, gasta muito esforço tentando avançar através das paredes da limitação que separa um mundo do outro.

Mas enquanto isso está dispersando sua força e quanto mais faz isto menos é capaz de criar sua própria vida.

Ele precisa perceber que através do Nódulo Norte em sua quinta casa lhe é dado, agora, o maior presente que um homem pode receber: o poder de criar o seu próprio destino. Estudando os processos de criação ele pode se tornar consciente de que são os seus próprios pensamentos que têm provocado todas as circunstâncias que ele crê reais em sua vida. Ele precisa então ir além e compreender a ligação entre seu pensamento e seus sonhos pois, certamente, é sua vida de sonhos que, mais do que pensa, está criando sua vida na Terra.

Ele precisa aprender a ser responsável por seus sonhos e cuidadoso com o que deseja pois, mais que outro com qualquer outra posição Nodal no zodíaco, irá ver seus sonhos materializados. Mas sempre o efeito físico de cada sonho chega com um pequeno desvio, suficiente para fazê-lo perceber o perigo de criar egoisticamente.

Este indivíduo terá que viver seus sonhos muito depois de se recordar das razões dos mesmos. É uma forte parte do seu carma contínuo entender "o poder do desejo" e como melhor compreendê-lo do que vivendo através das conseqüências de todos os seus desejos.

Assim, sua vida é tanto uma bênção como uma maldição, pois cada vez que esfrega a lâmpada de Aladim, sua alma poderá ou mover-se para o alto, nas asas do espírito, ou afundar miseravelmente nas profundezas de seu próprio inferno particular.

Ele está aprendendo que os sonhos do Nódulo Sul em sua décima-primeira casa estão sob o domínio de Aquário, onde eles precisam ser dedicados a um serviço pela humanidade e que, quanto mais ele deseja para os outros, mais ele terá para si. Mas, quando reverte este processo, sua vida torna-se uma verdadeira confusão.

Se escolhe criar para si, depara-se com o triste resultado de usar incorretamente um sagrado dom, pois seus sonhos, na verdade, se tornarão tão carregados que perderão completamente seu valor, embora fossem capazes de trazer-lhe felicidade.

A menos que estes Nódulos caiam em signos de água e de terra, eles podem causar dificuldades em relacionamentos e casamentos, graças a muitos resíduos de vidas passadas de não-compromisso.

Os principais pontos de virada na vida atual giram ao redor de crianças, pois através dos seus olhos o indivíduo chega a compreender seu próprio senso de valor próprio. Ele observa como as crianças põem seus sonhos em ação e logo chega a perceber que, em vez de fazer de seus sonhos os planos para seu futuro ele, realmente, tem permitido que bloqueiem todo momento presente. Uma vez que veja isso será capaz de deixar os castelos no ar e focalizar sua atenção naquilo que irá criando no presente.

Para fazer isto ele até alcança o ponto de tornar-se consciente de como ele permite que sua grande necessidade de amizade dissipe sua energia criativa.

Mais que tudo, ele deseja ser um realizador mas é somente depois de desistir de todo sonho pessoal que ele pode tornar-se forte o suficiente para tomar os blocos de construção de sua vida e colocá-los juntos. Ele precisa, literalmente, pegar o touro pelos chifres em vez de permitir ser guiado através da teia do mundo de Cinderela de suas lembranças da alma.

Para realizar isto, ele faria melhor se passasse mais tempo aprendendo autodisciplina pois, somente através da habilidade de guiar-se, na verdade, será capaz de trazer à tona, das águas profundas na qual por vidas ele mergulhou, suas esperanças e sonhos.

O signo que contém o Nódulo Sul mostra as formas pelas quais os sonhos de vidas passadas continuam nesta encarnação. O signo que contém o Nódulo Norte indica como o indivíduo pode, construtivamente, adaptar seus sonhos à realidade, expressando criativamente, tudo o que sente.

Algumas almas muito evoluídas com estes Nódulos, viveram Consciência Cósmica numa vida passada. Agora, através do Nódulo Norte em sua quinta casa, estão aqui para trazer esta percepção para as crianças da terra.

67

Nódulo Norte na Sexta Casa/Nódulo Sul na Décima-Segunda Casa

Este indivíduo gasta a maior parte do seu tempo em profundos pensamentos. Ele gosta de ser deixado sozinho a fim de que, sem ser interrompido por outros, possa deixar suas reflexões interiores inspecionarem as memórias cármicas de todas as suas encarnações passadas. Isto não quer dizer que ele não gosta de companhia ou até mesmo que ele está ciente do que está fazendo. O fato é que ele vai tão fundo que acaba totalmente esquecido da própria coisa que esteja pensando! Ele se perde em si mesmo.

Sempre a razão consciente de ir para dentro é baseada em intenções lógicas, mas o indivíduo tende a alcançar o ponto onde toda a lógica o ilude. A sutileza Netuniana das profundezas que ele alcança se mantém um mistério até para ele!

Um dos seus maiores problemas é que enquanto fica dentro de si mesmo está impedindo que outros estabilizem suas viagens mentais. Como resultado, ele acumula enormes temores de vidas passadas, não tendo idéia se eles são reais ou imaginários ou apenas uma coleção comprimida de um cenário mental em suas viagens para o seu interior.

Assim a base de sua vida exterior é construída sobre o medo e a imaginação e independente de quão forte seja o resto da carta natal, ele continuará tendo momentos de incapacidade para encontrar confiança em si mesmo.

Ele é como a tartaruga que constantemente espia para fora de sua carapaça. As pessoas próximas a ele vêem a sua vida como uma tendência a evitar tudo que pareça real.

Ele gasta a maior parte de seu tempo espiando os outros por detrás de um espelho transparente chegando, finalmente, a acreditar que o resto do mundo o está observando com o mesmo exame minucioso. Há uma paranóia latente construída nesta posição Nodal.

Nas áreas de trabalho ele é um pobre organizador deixando muitos pontos inacabados atrás de si, sempre sentindo que não há horas suficientes no dia para completar suas tarefas. Seu problema é que ele não sabe como dividir seu tempo e, como resultado, está constantemente tentando agarrar-se ao presente.

Assim como o coelho com o relógio, em *Alice no País das Maravilhas*, ele se coloca na posição de ter que correr para evitar estar atrasado.

Em certas ocasiões poderá dedicar-se ao trabalho em hospitais, instituições ou organizações que exijam dele a estruturação de seus caminhos. Ele precisa disto a fim de sair de seu Ser interior.

A grande lição cármica, para ele, é aprender a responsabilidade, em vez de sentir pena por toda desgraça que pareça persegui-lo. Mais do que em qualquer outra casa no zodíaco, ele grita ao mais delicado ferimento, real ou imaginário. Algumas vezes o grito é interior, mas sempre está lá, pois, nos estágios mais profundos ele sente que o amor que tem para dar passa despercebido ou é depreciado. Por pensar assim, ele se torna seu próprio criador de tristeza e ai da pessoa que tenta ajudá-lo pois assim terá alguém que o escute por todos os ferimentos de vidas passadas, medos e preocupações que ele ainda nem mesmo verbalizou.

Além disso tudo, ele é um poço sem fundo de aflição, sem acreditar muito no resultado positivo dos acontecimentos. Ele precisa trabalhar para construir confiança, a fim de que possa ter força suficiente para sair de sua concha. Uma vez que faça isso, ele é uma das mais compassivas, belas e úteis pessoas no zodíaco.

Seu Nódulo Norte na sexta casa lhe dá grande prazer em ajudar os outros, mas ele não pode fazer isto bem, até que perceba e aceite o fato de que, nesta encarnação, escolheu uma vida de sacrifício.

Ele precisa aprender como organizar seus pensamentos, seu trabalho e sua alimentação, pois é um curandeiro nato, capaz de desafiar os limites da medicina prática, com seus próprios métodos místicos de cura. Mas um talento não é um talento até que se desenvolva, e um indivíduo não é nada mais do que ele pensa que é. Finalmente, ele chegará a aprender que seu maior dom é a fé. Mas ele irá trabalhar muito e duramente para ter consciência disso!

Parte de sua vida atual será gasta criando ou lidando com doenças mentais ou físicas, em si mesmo ou em outras pessoas. Seu principal crescimento ocorre quando ele percebe que toda doença não é mais que uma desarmonia no corpo refletindo desarmonia no pensamento. Alguma coisa dentro de si mesmo está constantemente tentando dizer-lhe isto e ele precisa aprender a não permitir que seus medos de vida passada bloqueiem o que agora está sendo aberto para ele.

Muitos com estes Nódulos passam por experiências de doenças que miraculosamente desaparecem, para espanto de médicos, dentistas e outros profissionais. A lição cármica aqui é aprender a mais elevada razão, porque tão logo a compreensão é alcançada a fé recém-nascida começa a curar. Uma vez que se torne consciente do poder de sua fé ele se torna um verdadeiro dínamo.

Uma vez que o curso de seus pensamentos seja mais positivo, automaticamente, aprende a não criticar os outros pela falta de perfeição que vê neles.

69

Sua maneira de ver a vida permanece clínica, examinando minuciosamente e diagnosticando todas as coisas com as quais entra em contato.

De todas as posições nodais esta é a mais difícil de se abrir para encarnações passadas. O Nódulo Sul na Décima-segunda Casa completou um caminho cármico e os detalhes disto são para permanecer para sempre selados em tempos passados, embora ainda permaneça a sutil essência *Acássica*.

Vidas de fugas de tormentos interiores foram concluídas. O indivíduo precisa chegar a perceber que a maior parte de sua negatividade interior não está relacionada à vida atual, mas somente existe por seu pensamento persistir em um caminho que já terminou.

Ele ainda possui sentimentos interiores de ser perseguido, que precisa aprender a esquecer de uma vez por todas, pois quanto mais se permite demorar em tais pensamentos, mais ele inadvertidamente recriará tais circunstâncias.

Ele deve aprender a perceber o passado pelo que exatamente é: nada mais que uma lembrança e tão real quanto uma fotografia em sua mente, que ele agora tem a livre escolha de agarrar-se, por causa de angústias ou descartá-las a fim de que possa ir para um novo mundo mais produtivo.

Uma vez que possa colocar seu total estado de consciência em uma perspectiva positiva e produtiva na vida, ele será capaz de começar a sentir um novo significado para sua existência.

O signo que contém o Nódulo Sul mostra os caminhos pelos quais o indivíduo bloqueia seu progresso na vida atual, retirando-se para o carma que ele já terminou.

O signo que contém o Nódulo Norte indica os caminhos pelos quais ele pode desenvolver uma vida fértil através do serviço.

Nódulo Norte na Sétima Casa/Nódulo Sul na Primeira Casa

Aqui o indivíduo tem muitas lições para aprender nas áreas de sociedades, casamentos e cooperação com os outros. Em encarnações passadas ele teve que prestar contas só para si mesmo por seus pensamentos e ações. Agora, na vida atual, sua alma recorda todo o individualismo e independência de que desfrutou.

Embora ele afirme ser um bom ouvinte, para ser aceito pela sociedade raramente aceita conselhos. Ao contrário, ele gasta muito da sua energia desenvolvendo qualquer habilidade que tenha, enquanto constantemente procura aprovação pelo esforço que fez.

Apesar de ser o último a admitir isto abertamente, raramente nota os outros tanto quanto a si mesmo. Ele tem grande receio de ser superado e se afastará de seu caminho para garantir para si uma posição onde seu domínio não será desafiado. Se o resto do horóscopo mostra força, então este é realmente o indivíduo que deseja ser o "Rei da Montanha".

Apesar de suas experiências nesta encarnação lhe ensinarem a se sacrificar pelos outros, ele nunca se sacrifica realmente pois passou vidas construindo a ponto de agora ter se tornado um espírito independente.

Ele pode relacionar-se com os outros desde que estes não aprisionem ou comprometam seu senso de liberdade. Se perceber que alguém próximo está inibindo sua expressão pessoal fará tudo que puder para livrar-se deste relacionamento. Assim, o casamento não é algo que chega fácil para ele.

Indivíduos com estes Nódulos são solteiros, divorciados ou, pelo menos, separados em consciência de suas esposas ou maridos. Eles acham difícil acreditar que a permanência do egoísmo de suas vidas passadas está criando todos os problemas pelos quais agora eles estão acusando outros.

Eles precisam aprender como dar de todo coração ao invés de, simbolicamente, atirarem um osso aqui e ali apenas para manter a matilha quieta.

Este indivíduo está geralmente tão fora de harmonia consigo mesmo, como sendo parte de um universo maior, que está inclinado a desenvolver um prejuízo ou impedimento crônico, tanto físico quanto emocional, que ele basicamente usa para conseguir simpatia. A última coisa que está querendo aceitar é uma sensação de fracasso, pois ele constantemente sente a necessidade de provar sua própria auto-suficiência.

Algumas vezes ele é visto pelos outros como um batalhador, bem guardado contra qualquer ameaça a seu ego. Uma vez que ele realmente não gosta de ser dependente dos outros, sua lealdade é questionável. Além disso, suas encarnações passadas o ensinaram a ser honesto consigo mesmo e é aí que sua fidelidade termina.

Protege aqueles que desejam juntar-se a ele, mas raramente sairá de seu caminho para estar com eles. Ele é um "solitário" consciente de sua individualidade única e orgulhoso dos caminhos pelos quais sabe que pode mantê-la.

Seu carma é aprender a consideração pelos outros, pois em seu desejo de ser o centro de atenção ele se projeta como mais importante do que geralmente é, impedindo assim a entrada do verdadeiro amor que reclama lhe estar sendo negado.

Ele é capaz de grandes realizações mas raramente atinge os níveis de sua capacidade, pois está tão envolvido consigo mesmo que não consegue ver a extensão cósmica de suas idéias pessoais.

Ele precisa aprender a observar os reflexos de seus pensamentos e ações, e perceber que há sempre dois lados em uma moeda. Finalmente, chega a compreender que, enquanto dois lados de uma questão podem ser totalmente diferentes, nenhum é melhor ou pior que o outro.

Seu principal crescimento ocorre quando pode desligar-se de si mesmo e rir impessoalmente de todas as idéias focalizadas em seu ego que o guiaram no passado.

Ele precisa finalmente chegar ao ponto no qual está desejando tomar todo o poder, força e confiança construídos em suas encarnações passadas e dá-las para aqueles que as necessitam mais. Ele tem que fazer isto de todo o coração, sem a sensação de martírio, pois se seu dar se torna envolvido pelo ego de algum modo, então permanece em sua ilha solitária. Mas se sua generosidade é verdadeiramente dedicada, sem orgulho em dar, então ele tem uma infinita graça a oferecer pois inspira confiança e força nos outros.

Ele pode dar vontade de vir àqueles que não tinham vontade nenhuma e torná-los conscientes de seus próprios valores pessoais. Mas durante todo o tempo não deve pedir nada em troca, pois se ele aprende a focalizar suas energias ajudando aos outros, então ficará surpreso por descobrir como Deus continua provendo todas as suas necessidades.

Nesta posição nodal há uma certeza de infelicidade incorporada toda vez que ele focaliza suas energias em si mesmo. Se for casado, terá muito que aprender de seu segundo filho, bem como no seu relacionamento com sobrinhos e sobrinhas.

Ele está destinado a devotar sua vida aos outros. Na verdade, tem estado se preparando durante muitas vidas para encontrar agora a pessoa ou pessoas que mais precisarão dele. Em alguns casos, a esposa ou companheiro é um escapista a quem precisa ser dada a força e confiança para encarar a realidade.

Casado ou solteiro, este indivíduo talvez chegue a aprender que sua vida é uma missão dedicada a uma outra alma ou, mesmo, a muitas almas mais necessitadas que ele. Suas lições cármicas estão em desenvolver a gentileza e uma natureza compreensiva. Tão logo faça isto, será recompensado mil vezes por tudo que dá.

72

O signo que contém o Nódulo Sul mostra os caminhos pelos quais muito resíduo de vida passada relacionado ao Ser pode impedir o progresso. O signo que contém o Nódulo Norte mostra os caminhos pelos quais o indivíduo pode atingir a realização sacrificando o Ser pelos outros.

Nódulo Norte na Oitava Casa/Nódulo Sul na Segunda Casa

Aqui o indivíduo é confrontado com uma poderosa batalha dentro de si mesmo, no mais básico dos níveis. Seu carma é superar a extrema possessividade de suas encarnações passadas. Até que consiga lidar com isto, tem dificuldade para encontrar sentido em qualquer coisa que ele, pessoalmente, não possa ter. É ciumento do que os outros possuem, desejando muito ter tudo que seus olhos vêem. Em alguns indivíduos isto desenvolve um insaciável desejo de posse. A este respeito há uma determinação tão forte, que pouca coisa pode desviá-lo da perseguição a seus desejos.

Sua vida está quase sempre baseada na força sexual e é quase certo que a sensação de compreensão sexual seja altamente pervertida. Geralmente há algo de animalesco na natureza. Tanto faz se aberta ou mantida oculta, há uma falta de resposta aos efeitos civilizadores da sociedade.

Em suas vidas passadas o indivíduo não compreendeu totalmente a importância dos valores de outras pessoas, mas continua seguindo seu próprio caminho sem perceber como afeta os outros. Sua alma construiu um sistema de necessidades tão grande, que não importa o quanto esteja realizado; suas maiores necessidades sempre parecem estar longe de seu alcance. Ele é como o burro da fábula, seguindo uma cenoura presa a sua cabeça, mas raramente compreende que ele próprio a colocou lá.

Os que lhe são próximos lhe dariam a lua, se isto o fizesse feliz, mas sabem tão bem quanto ele que será apenas um brinquedo momentâneo a ser finalmente descartado e substituído por outra necessidade. Ele parece desejar tanto em quantidade quanto em qualidade, o que quer dizer que ele sente que precisa ter tudo! Um fardo de excessos em todas as direções, ele acha difícil mudar seus caminhos, mesmo depois da compreensão de que está no rumo do desastre.

Ele avança tanto em cada encruzilhada, que quando descobre seus erros está tão longe do ponto de partida que acha impossível ver seu caminho de volta. E, assim, ele continua pelo caminho que sabe estar errado porque é a única estrada que seus olhos podem ver.

Em alguns casos ele vai a tais extremos que pode ter problemas com a lei, mas muito depois de ver seu erro, ele ainda tenta convencer os outros de que está certo.

Mais do que qualquer pessoa em outra posição Nodal este indivíduo precisa aprender a autocontrolar-se, pois sem disciplina ele pode muito facilmente permitir que hábitos de auto-indulgência de encarnações passadas dificultem sua vida atual.

Alguns com estes Nódulos experimentam uma fraqueza que os leva tão próximos da morte, que seus olhos se abrem para uma nova apreciação da vida. Outros passam por episódios sexuais extremamente dolorosos, o que os torna mais atentos aos seus comportamentos. Mas a lição cármica é sempre a mesma: o indivíduo empurra tanto a si mesmo que, finalmente, destrói tudo que conquistou. Através da morte simbólica dos padrões de comportamento excessivos ele pode, finalmente, experimentar um novo renascimento.

O resíduo de vida passada apresenta muita relação física e material. O principal desenvolvimento na vida atual é baseado na habilidade individual de trazer à luz, das profundezas de seu ser, a força para um renascimento. Ele freqüentemente exibe um interesse no oculto, através do qual, finalmente, obtém informações necessárias para alcançar sua transformação regeneradora.

Há sempre um caos em qualquer uma de suas escolhas, pois é um extremista. E ainda assim, o resíduo cármico combinado de teimosia e preguiça mantém bloqueado o seu renascimento. Sua alma quer transformar-se, mas ele tem dificuldade para encontrar energia suficiente para isto.

O mais duro para ele é aprender como andar sem deixar rastros, pois quer tão desesperadamente ser marcante que continua tornando sua própria vida mais difícil.

Os relacionamentos são extremamente importantes para ele. De encarnações passadas, desenvolveu o hábito de ver o mundo como um sistema de castas sociais e, dentro desta moldura, se mantém lutando por *status*, sempre acreditando que algumas pessoas são mais privilegiadas que outras. Através no Nódulo Norte na sua Oitava Casa ele precisa, simbolicamente, matar seu sistema de valores de vida passada e passar pela permanente metamorfose que finalmente o sintonizará com os valores dos outros. Tão logo comece a ouvir, ele tem muito o que aprender daqueles que estão próximos.

A maioria de seus pensamentos sexuais vem de um arraigado desejo de matar o plano físico. Eles o guiam por um caminho de extrema repulsa por si mesmo, bem como com a vida material e física que tem levado por tanto tempo.

74

Através de desejos expressos ou ocultos, assim como da inveja do dinheiro ou trabalho, ele se mantém espiralando sua vida a um ponto sem volta. Uma vez que atinja isto, começará a ser aceito pelo sistema de valores de outras pessoas a fim de encontrar seu caminho de volta. Mas será confrontado com o teste de ter que desistir de tudo que pensou ser importante, quase como se lhe estivesse sendo pedido para retornar ao fim da linha e esperar sua vez. Cada vez que um novo e mais elevado valor lhe é imposto precisa aprender a eliminar tudo em si mesmo que bloqueie sua aceitação.

Ele começará sua nova vida pelo início da escada onde, devido à morosidade de sua ascensão, valorizará profundamente cada centímetro que avançar.

Verdadeiramente, estes Nódulos indicam uma vida difícil mas somente pelo fato de atitudes arraigadas de encarnações passadas estarem tão fixadas, em ir por seus próprios caminhos.

Até que a transição esteja completa ele pode esperar que sua vida atual seja um "cabo de guerra financeiro" após o outro. Ele precisa aprender a lição cármica de que posses são para serem usadas e que não é necessário ganhar mais do que o imediatamente útil.

Quando ele supera a tendência de permitir que suas energias se dissipem, ele pode tornar-se um verdadeiro dínamo no mundo dos negócios. Ainda assim, ele nunca pode se esquecer de que é um tipo que precisa queimar as pontes atrás de si como uma proteção contra a volta a níveis que ele lutou para atravessar.

Ele precisa compreender a estória bíblica de Lot que, quando foi finalmente liberto de Sodoma e Gomorra, lhe foi pedido que deixasse a cidade sem as suas posses e que, sob nenhuma circunstância, olhasse para trás.

O Nódulo Norte na Oitava Casa pode regenerar ou degenerar o indivíduo. Isto compete à força de sua própria fé. Para alcançar o céu, esta posição Nodal precisa primeiro caminhar através do inferno; lá, nas entranhas da terra, ter a compreensão de que Deus ouvirá seu mais fraco pedido de ajuda, tão logo ele prometa, sinceramente, não "olhar para trás".

O signo que contém o Nódulo Sul mostra o tipo de sistema de valores de vida passada que precisa ser reorganizado. O signo que contém o Nódulo Norte mostra os caminhos pelos quais o renascimento será realizado.

Nódulo Norte na Nona Casa/Nódulo Sul na Terceira Casa

Este indivíduo está sempre lutando para se libertar de uma teia de complicações. Cada relacionamento que ele assume se torna tão

75

complicado que ele tem que usar toda a sua energia para se libertar. Em encarnações passadas desenvolveu uma grande necessidade de pessoas; aí encontra seu ponto fraco, pois, tanto ele agora pensa que gostaria de estar sozinho quanto ele sente uma necessidade quase compulsória de procurar os outros.

Ele ouve problemas e gosta de estar numa posição de dar conselhos. Geralmente frustrado pela quantidade de problemas descarregados sobre si secretamente crê que se tivesse tido mais educação poderia estar melhor equipado para lidar com todas as dúvidas que lhe ocorrem. Ele continua tentando ser tão diplomático quanto possível e constantemente se emaranha em refletir sobre as palavras que falou para os outros.

Sempre consciente da interpretação que pode ser dada a suas palavras, nutre um medo interior de ser malcompreendido. Como resultado, continua voltando a antigas conversas para reexplicar tudo o que queria dizer.

Ele precisa compreender a essência da verdade sem ter que se sentir compelido a fazer a verdade menor, por tentar comunicá-la verbalmente aos outros.

Um dos seus maiores problemas é lidar com o resíduo cármico de uma curiosidade insaciável, a qual, apesar de ter sido útil em encarnações passadas, agora o leva mais fundo em redes de detalhes. Suas maiores crises acontecem cada vez que é forçado a tomar decisões, pois mais do que confiar em sua intuição ou mente superior, ele continua procurando mais fatos e detalhes na esperança de que, quando tiver toda a informação, o processo de tomar decisões seja mais fácil.

Constantemente lutando para atingir a neutralidade, ele se torna um paradoxo para si mesmo. Em vidas passadas, ele se acostumou a se identificar com frases-feitas, afirmações engenhosas e eufemismos a ponto de, agora, tornar-se um clichê ambulante.

Gostando de ler e de explorar um mundo maravilhoso de conhecimentos que vê ao seu redor, vive em constante avidez por mais compreensão. Ele está convencido de que este é o único caminho na vida que não tem fim.

Qualquer coisa que o interesse profundamente pode se transformar em objeto de estudo de toda uma vida, particularmente se o Nódulo Sul estiver em um signo fixo.

Ele gosta de se sentir experiente. Como resultado, fará coisas que outros não fariam, só para experimentar uma nova compreensão.

Sua vida atual está envolvida com tantas pessoas que mágoas e ressentimentos são comuns, não por causa de qualquer intenção maldosa mas por sua inabilidade de acompanhar todos em cujas vidas se envolveu. Em níveis mais profundos ele tem muitas dúvidas interiores sobre si mesmo, que se tornam ampliadas quando fala com os outros, pois se fosse posível tentaria ser tudo para todos.

Como resultado de hábitos de vida passada, gasta muito tempo numa "mente inferior". Ele se movimenta mais do que precisa e, se isto não é expresso fisicamente, então ele o faz em pensamento. Às vezes seu carrossel de possibilidades é tão grande que se esgota completamente pensando no que deveria fazer. Como resultado, não faz nada.

Ele experimentará medos de ser sexualmente impotente. Uma vez que comece a questionar, ao longo deste caminho, seu desejo enorme de compreensão pode guiá-lo para um padrão de comportamento promíscuo até que esteja certo de que tudo está bem e que ele é perfeitamente normal.

Em seu nível mais profundo, ele não é um animal sexual mas, na realidade, tão fortemente "mental" que tem temores de ser excluído do "bom da vida", devido a esta sua inclinação.

Como uma criança pequena, temerosa de que seus companheiros a acusem de ser um "rato de biblioteca", ele irá desafiar a si próprio para provar que pode ser aceito em um mundo que valoriza o físico. Contudo, sua maior necessidade subconsciente é um dia tornar-se uma enciclopédia ambulante para nunca ser apanhado desprevenido, sem saber a informação correta no momento certo.

Seu maior crescimento chega quando aprende como fazer a transição cármica da mente inferior para a superior. Quando abandona sua ligação de vida passada a trivialidades, seus olhos começam a se abrir para o enorme horizonte diante de si.

Quanto menos conversa com os outros, mais fé começa a desenvolver.

Ele precisa aprender como constantemente alargar seus interesses, a fim de que seu campo de conhecimento não seja limitado pelas exigências de seu círculo de relacionamentos. Ele vai bem quando aprende como se afastar a fim de que possa ver a floresta a partir das árvores. Quando faz isto, também aprende como deixar as coisas passarem, o que lhe dá uma nova sensação de paz que, de algum modo, sempre escapou ao seu alcance.

Viajar o ajuda a ampliar sua perspectiva e ele encontra seu maior sucesso longe do local de nascimento. Para alguns, a vida será muito influenciada por um estrangeiro.

Através do Nódulo Norte na Nona Casa, um enorme crescimento espiritual é possível, uma vez que o indivíduo tenha aprendido como

77

afastar-se das dúvidas e problemas de sua vida passada. Ele precisa afastar sua mente de um mundo finito e focalizá-la numa consciência infinita.

Ele perderá amigos por isto, pois poucos compreenderão completamente seu súbito afastamento. Mas, através daqueles que ficam com ele, aprenderá a diferença entre um amigo e um conhecido. Enquanto cresce começa a se concentrar em idéias, ao invés de palavras através das quais as idéias são expressas. Ele vê como os outros se limitam pela linguagem e tenta antes dirigir-se a suas idéias do que a suas palavras.

O signo que contém o Nódulo Sul indica os caminhos pelos quais a memória da alma, de encarnação passada está ainda muito envolvida em atividades mentais inferiores. O signo que contém o Nódulo Norte mostra os caminhos pelos quais o indivíduo pode, agora, libertar-se através da influência ampliadora de sua mente superior.

Nódulo Norte na Décima Casa/Nódulo Sul na Quarta Casa

Aqui o indivíduo descobre que muito de seu tempo é necessário para as exigências de sua família. Constantemente ele se sente controlado, como se estivesse sendo impedido de perceber sua própria individualidade. O fato é que ele vem a esta vida atual com muito carma devido a sua família.

Em encarnações passadas ele ignorou as mãos que o alimentaram. Agora está preso à lição de como tornar-se aquelas mãos. Na vida atual acha seu companheiro e filhos altamente ingratos em relação a tudo o que tenta fazer por eles. Ainda assim, ele fará mais se for para desenvolver-se, superando seu carma. Às vezes o fardo torna-se tão pesado que ele tem que lutar contra si mesmo para se proteger de um ressentimento interior.

A mulher com estes Nódulos terá problemas com, pelo menos, um filho que irá exigir muito de seu tempo, esforço, energia e interesse, pois ela deve aprender a nível profundo a responsabilidade da maternidade. Para reforçar ainda mais este carma o marido ou não está presente, ou é tão desprovido de caráter, que este indivíduo precisa na verdade se tornar mãe e pai ao mesmo tempo.

As emoções, tanto positivas quanto negativas, nunca deixam a família. Este indivíduo sente uma necessidade constante de se soltar e ser livre, embora suas memórias de vida passada em cativeiro auto-imposto quase nunca lhe permitam isto.

Quase toda sua energia é gasta para esclarecer o entrelaçamento das ligações que vê a seu redor. Às vezes, ele experimenta um grande conflito com outros membros da família sobre propriedades (imóveis) comuns.

Ele precisa aprender a não deixar que as circunstâncias o oprimam com sentimentos de desesperança, pois as necessidades de sua família estão constantemente se misturando a ponto de, de tempos em tempos, se tornarem consideravelmente maiores do que ele esperava.

Freqüentemente é pego de surpresa pelas ações dos que lhes são próximos, pois apesar de poder desenvolver uma forte experiência de vida no mundo, ainda permanece infantilmente ingênuo em relação às emoções que sente sobre os que estão próximos a si mesmo.

Alguns com estes Nódulos têm que sair para trabalhar, tornando-se a única fonte de sustento familiar. Outros, são colocados em posições de supervisores da família.

Sempre este indivíduo é pego entre o conflito das coisas que gostaria de fazer para si e as coisas que sabe que precisa fazer para aqueles que ama.

Constantemente defrontado com situações que o fazem reagir infantilmente, ele precisa aprender a amadurecer. Ele precisa elevar-se acima da desarmonia familiar e fazer tudo que puder para alcançar um estado de autodignidade.

Quando a necessidade daqueles que ama são compreendidas, somente então pode ter a liberdade de experimentar um modo de vida próprio.

Quando muda para seu Nódulo Norte na Décima Casa, ele é finalmente forçado a assumir o papel dominante. Ele precisa aprender como manter sua vida focalizada em uma direção acima e além de todas as necessidades dispersivas dos seus familiares mais chegados.

Paradoxalmente, foge de uma família criando outra, até que finalmente todas as pessoas que encontra e gosta, acabam agregadas a ele, num tipo de família pseudo-universal. Conforme os anos passam, a vida começa a se parecer com a estória da "velha que morava num sapato".

Sua maior felicidade vem de estar numa posição de ser capaz de oferecer proteção aos outros.

Em anos posteriores ele alegremente reconvida outros para se apoiarem em si.

Sua missão de afastar-se da imaturidade emocional em direção à responsabilidade lhe diz que cada pessoa que ele ajuda durante seu caminho representa outro pagamento para sua própria passagem em direção da evolução da alma.

O signo que contém o Nódulo Sul mostra os caminhos pelos quais ele permite que a imaturidade dos outros, bem como a sua, bloqueiem suas potencialidades para a realização. O signo que contém o Nódulo Norte indica os caminhos pelos quais ele pode desenvolver sua maturidade, guiando sua vida para uma direção significativa.

Nódulo Norte na Décima-Primeira Casa/Nódulo Sul na Quinta Casa

O indivíduo veio para esta vida lembrando-se de um estilo de vida no qual era o único criador. Agora, ele continua tentando "pegar o touro pelos chifres", a fim de recriar o modo de vida a que estava acostumado. Contudo, o que tenta fazer tem algo levemente inadequado, no que tange a caber nas circunstâncias de sua vida atual.

Ele se inclina a repetidos casos amorosos, achando neles um conforto para a continuação do seu ego de vidas passadas. O que geralmente não percebe é que, através de seus casos amorosos, ele se torna mais fraco e, em vez de ganhar força a partir de elogios e encorajamentos, ele desenvolve uma dependência onde cada elogio cria a necessidade de outro. Eventualmente isso o deixa tão indefeso que seu comportamento se torna irremediavelmente infantil.

Ele quer desesperadamente ser amado, mas o resíduo de tensões sexuais de vida passada é tão grande que, freqüentemente, confunde o que lhe é realmente importante. Tem uma grande dificuldade em compreender a realidade, pois sua vida é um palco de atores e seus sonhos são tão românticos por natureza, que ele se torna um verdadeiro Dom Quixote perseguindo moinhos de vento. Ele acredita em cavalheirismo e pode facilmente ser logrado pelo "glamour". Querendo ser constantemente assegurado de que sua chegada à vida não passará despercebida, torna-se incapaz de aceitar o papel de ser apenas um membro da platéia.

Pode ser extremamente generoso com aqueles que o apreciam, mas no momento em que se sentir ignorado ele correrá para seu diáfano mundo de sonhos, tentando criar uma aventura romântica do século dezessete, na qual será o ator central.

Constantemente à procurua da realização própria através de aventuras amorosas, ele pode muito facilmente perder seu caminho.

Ele gostaria que outros pensassem nele como alguém que se sacrifica e quando se envolve num caso amoroso é quase certo que se colocará numa posição de ter que abandonar tudo. Como o "rei mártir" que sacrificou seu trono a fim de poder realizar seu amor, este indivíduo gostaria que seus casos amorosos fossem respeitados, aprovados e mesmo, admirados.

80

Seu senso de dignidade de vida passada é tão grande que até mesmo o pensamento de um caso amoroso ilícito o incomoda, embora de vez em quando tenha algum, não por outra razão senão apenas para expressar sua habilidade de sacrificar um princípio pelo que, acredita, no momento, ser o maior amor do mundo.

Ele é, basicamente, uma boa pessoa e seriam necessárias grandes aflições no mapa para que tivesse alguma maldade em si. Por todo o zodíaco, seus talentos criativos com as crianças são insuperáveis pois, no fundo, ele próprio é uma criança.

Independentemente do seu signo solar ele precisará, uma vez nesta vida, apoiar-se em alguém com mais força do que ele mesmo.

Através do Nódulo Norte em sua décima-primeira casa, ele aprenderá o valor da amizade. Ele precisa transcender o relacionamento fisicamente possessivo de suas encarnações passadas e acalentar com igual fervor os novos relacionamentos impessoais que está construindo agora.

Nesta vida, ele está aprendendo como prestar mais atenção ao significado de seus sonhos, em vez de tentar forçar sua própria vontade contra a corrente.

Seus sonhos lhe trazem mensagens de seu guia superior, através do qual ele é telepaticamente conduzido à compreensão das razões de todas as suas ações, mas sua vontade é geralmente tão grande, que ele se recusa a aceitar o que sabe que é verdadeiro.

Se lhe pedem para abdicar de qualquer coisa nesta vida, poderá ser somente de sua poderosa vontade própria, pois aqui, no orgulho do ego, ele realmente bloqueia tudo o que desesperadamente deseja. Na verdade, ele mesmo é seu pior inimigo.

O indivíduo com estes Nódulos sofre de um descontentamento inato, pois qualquer coisa que cria através de seu Nódulo Sul somente o deixa livre para sonhar sobre o quanto está perdendo. Ele gostaria de estar livre de complicações mas, constantemente, salta da frigideira para o fogo. Antes de qualquer crescimento que, de fato, possa ser feito ele precisa aprender a superar o ego monstruoso que permitiu se tornar seu instrumento de autodestruição. Ele precisa aprender a se ver impessoalmente, compreendendo que sua vida é como um rio correndo sob a ponte, na qual ele deve encontrar o melhor lugar para observá-lo.

Suas maiores dificuldades sempre giram em torno da tentação de controlar o fluxo deste rio, ainda que suas maiores alegrias aconteçam quando ele pode apreciar sua beleza sem alterá-lo.

É quase certo que ele passará por pelo menos uma experiência importante na qual lhe será exigido sacrificar seu próprio ego, para ser justo com os outros, pois somente quando tiver aprendido a livrar-se de todo pensamento preconcebido, poderá alcançar seu objetivo superior. Enquanto tiver o mais leve sinal de orgulho próprio, todo o poder em sua carta natal lhe será negado. Mesmo as possibilidades de um casamento harmonioso ficam fora de seu alcance até que ele se torne impessoal.

O Nódulo Sul na quinta casa usa tanta energia na tentativa de conquistar simpatia pessoal, que o indivíduo tem dificuldade de encontrar forças para oferecer a sua companheira de casamento uma completa realização. Muitos com estes Nódulos se divorciam, mas isto é simplesmente conseqüência do uso incorreto destas energias. Por se concentrar muito em si mesmo, o indivíduo não vê ou aprecia completamente todas as bênçãos que tem. De novo, a resposta é a mesma. Ele precisa renunciar ao ser e dedicar sua vida a serviços impessoais, em vez de esperar que outros o sirvam.

Se ele puder aprender a tornar-se menos romântico e mais científico, começará a ver a verdade como ela é. Ele nunca deve permitir que o fogo da paixão encubra sua visão, pois sua felicidade será alcançada somente quando ele puder olhar para a vida a partir de um ponto de vista imparcial.

Seu carma está em aprender a não se envolver, embora deva ser sempre acessível quando necessitado por outros. Finalmente, ele está destinado a se tornar o servidor impessoal da humanidade.

Pelo menos uma vez nesta vida ele muito fará para favorecer a carreira de alguém.

Amizades, clubes e sociedades tornam-se importantes para ele, pois é através de tais associações com outros que ele chega a sentir sua própria identidade. Através dos caminhos pelos quais os outros o avaliam, ele chega a avaliar a si mesmo. Então, será capaz de se ver como parte de outros, bem como parte de uma causa maior para a qual ele se dedica.

Quanto mais fizer isto, mais elevará o plano de autoconsciência e as exigentes necessidades para gratificar seu próprio ego ficarão mergulhadas no ego coletivo da causa para a qual ele dedicou sua identidade.

Quando ele termina sua lição, sua força de caráter e senso de direção tornam-se nem mais fracos nem menos determinados que a causa da qual ele se torna parte.

O signo que contém o Nódulo Sul mostra os caminhos pelos quais este indivíduo permite que muitos dos resíduos de paixão e desejos de vida passada pressionem sua vida atual. O signo que contém o Nódulo Norte indica os caminhos pelos quais ele pode desenvolver suficiente desprendimento a fim de que possa libertar seu ser pessoal, o que lhe permite dedicar suas energias para causas mais universais.

Nódulo Norte na Décima-Segunda Casa/Nódulo Sul na Sexta Casa

Aqui o indivíduo passa por uma crise de consciência; na verdade, estando ou não consciente disto, muito de sua vida é gasta em profundos pensamentos.

Ele acha o mundo físico exaustivo. De tempos em tempos tem que lidar com doenças que o retiram da arena de competição, atrapalhando fortemente sua habilidade de trabalhar.

Quando está trabalhando ele acha as condições intoleráveis. Ele sente-se mal-remunerado ou, pelo menos, depreciado por tudo que tem para oferecer. Ele se torna tão envolvido nas circunstâncias que o cercam, esteja fazendo o que for, que permite que suas atitudes no trabalho interfiram em todas as áreas de sua vida.

Ele tem muitas lembranças de vida passada de ordem e organização; assim, para onde quer que vá, ele vê o caos.

Em encarnações passadas ele foi um perfeccionista, crítico do mundo ao seu redor. Agora, as imperfeições que vê o enfraquecem a ponto de se sentir incapaz de lidar com elas. O mundo é percebido como não lhe dando tudo aquilo que poderia.

Alguns com estes Nódulos tendem a viver em autopiedade, enquanto outros nutrem um ressentimento amargo. Há sentimentos de ciúmes dirigido ao bem-estar de outras pessoas, os quais eles percebem como sendo menos dotados que eles próprios. Geralmente há um ego inflado na fonte do problema. O ser como foi desenvolvido em encarnações passadas é agora visto como um ideal de perfeição, colocado acima do resto da humanidade.

Em seus próprios pensamentos particulares este indivíduo raramente irá admitir que tem uma tendência a olhar de cima os outros. Ainda assim, secretamente, ele vê a todos como menos perfeitos que ele próprio.

Ele prefere estar desempregado do que trabalhando em algo que sente indigno. É certo, entretanto, que as circunstâncias o forçarão a fazer tal trabalho, mesmo que seja contra seus princípios.

Tendo tendências a interiorizar sua raiva por se sentir humilhado, ele cria doenças reais uma após a outra, até que, finalmente atinja o ponto em que sente justificado em atribuir às suas condições de trabalho o seu pobre estado de saúde.

83

Trazendo o sentimento de encarnação passada de exclusão da sociedade, ele se vê como uma criança negligenciada excluída da essência central da riqueza na vida, que existe para os outros mas, de algum modo, não para ele. Ele gasta muita energia tentando impressionar os outros e não o suficiente no desenvolvimento da plenitude dentro de si. Mais que tudo, precisa aprender a olhar para seu interior, onde encontrará as respostas para todos os seus problemas.

Muitos com este Nódulos olham a vida passar, gastando muito do seu tempo e energia envolvidos em pensamentos insignificantes. Há um forte resíduo de nervosismo de vida passada no Nódulo Sul na sexta casa, no qual este indivíduo, literalmente, se destrói tentando sintetizar em seu sistema de ordem cada detalhe que chama sua atenção.

Ele precisa aprender agora a discriminar entre o que é importante em termos de valores de sua vida e o que são apenas aborrecimentos transitórios que passarão no devido tempo.

Através de seu constante questionamento, ele cria para si um problema sexual, enraizado profundamente em seu medo de fracassar. Ele é tão incapaz de encarar seus medos, que criará o problema por desenvolver um padrão de resposta sexual anormal, para mascarar seu sentimento de inadequação.

Apesar de não querer, ele continua vendo a si mesmo como um indefeso seixo, entre milhares, numa praia. Em vidas passadas, ele conseguiu controlar seu universo. Agora, o mundo parece maior do que ele gostaria e faz tudo o que pode para prevenir a si mesmo de se sentir pequeno demais por comparação.

O crescimento se inicia no momento em que ele começa a se ver não só como uma parte de um todo maior mas contendo dentro de si a essência de todo o Universo. Ele precisa acabar com sua tendência de encarnação passada de colocar o mundo em pequenas caixas e procurar a origem de tudo dentro de si mesmo. Aqui, ele achará a riqueza abundante que esteve desesperadamente procurando.

Períodos de isolamento forçado ajudam a trazê-lo para uma consciência superior através da qual, finalmente, aprende que as coisas podem ser diferentes sem que uma seja necessariamente melhor ou pior que a outra.

Indo fundo em si mesmo perceberá que todas as condições de vida dependem inteiramente do quanto ele pode deixar de querer conquistar o mundo e recanalizar suas energias para conquistar a si mesmo.

Ele fará bem absorvendo-se nos trabalhos de uma grande instituição onde pode desenvolver uma consciência de grupo, se focali-

84

zando no bem da coletividade em vez de continuar no resíduo acumulado de sua amargura de vida passada. Ele será testado muitas vezes em áreas que o ajudarão a desenvolver compaixão até que, finalmente, verá que julgar os outros, na verdade, evita sua felicidade.

Seu carma de vida passada é apagado quando ele aprende como fluir, em vez de permitir que sua vida continue se interrompendo por perturbações sem importância. Ele precisa sintonizar-se com a essência do universo, ao invés de tentar classificar tudo em pequenos compartimentos ordenados. Os compartimentos são como um castelo de cartas e somente depois delas tombarem, ele começa a perceber que seu propósito na vida está muito longe do que ele originalmente pensou.

Ele pode, etnão, aprender como soltar-se e banhar-se na beleza de toda a criação de Deus, ao invés de ver somente uma parte de Deus e chamar esta parte que vê como Tudo. Tão logo possa acolher a mudança de boa vontade, curvando-se enquanto os ventos das circunstâncias fluem através de seu ser, ele estará no caminho.

Finalmente, deixará o mundo onde pessoas manipulam outras e atravessará o portal em direção a uma harmonia superior. Nesta preparação, ele precisa transcender as lembranças subconscientes de vida passada, de problemas físicos, que ainda pesam sobre si e começar a subir a escada cósmica que leva à realização de sua alma. Ele precisa aprender como valorizar o milagre de tudo o que vê sem se emaranhar nos detalhes de por que ou como.

Sua vida representará o fim de uma idéia, assim como os trabalhos de Dante simbolizavam o fim de um período na literatura. Quando ele aceita isto, seu trabalho de vida pode ser o auge de tudo que veio antes dele.

Apesar de seu trabalho conservá-lo nos bastidores, há uma boa possibilidade de que chegue à atenção do público. Ele precisa também aprender que o estado físico de sua saúde é totalmente dependente da pureza e estabilidade de sua mente interior.

Certamente, esta é a posição nodal da mente sobre a matéria, e a vida será uma transição cármica do mundo da matéria para a consciência do espírito infinito.

O signo que contém o Nódulo Sul indica os caminhos pelos quais encarnações passadas trazem ao indivíduo a preocupação com a matéria física. O signo que contém o Nódulo Norte mostra como ele pode, agora, transformar sua alma na pura essência da Mente Divina.

CAPÍTULO V
ASPECTOS COM OS NÓDULOS

A vantagem de um Nódulo sobre o outro não é uma constante. Até o tempo em que o Nódulo Sul atue em seu mais elevado nível permitido, o indivíduo achará menos recompensa no Nódulo Norte do que espera. Desde que o Nódulo Sul simboliza o auge das características comportamentais de muitas vidas, seria somente levando tal comportamento, através de uma evolução progressiva, que o indivíduo estaria pronto para beneficiar-se de seu Nódulo Norte.

Se ele coloca a carroça antes dos bois, está muito propenso a se aproximar de seu Nódulo Norte no seu mais negativo sentido: mas se ele se esforça para superar os caminhos nos quais seu Nódulo Sul o está segurando, então encontrará a Direção Divina na surpreendente bênção que seu Nódulo Norte lhe concede.

Conjunções ao Nódulo Sul

Lições cármicas, levando mais de uma vida para se aprender, aparecem com fortes conjunções planetárias ao Nódulo Sul. A soma de tais energias planetárias à lembrança da alma sobre seus propósitos, cria uma condição obrigatória onde as lições do Nódulo Sul serão vividas novamente.

Esta configuração não deve ser necessariamente considerada numa condição negativa. Aos indivíduos que adquiriram um grande rol de conhecimentos ou talentos é, dessa forma, permitida uma segunda chance em levar suas realizações para uma culminação florescente.

Conjunções ao Nódulo Norte

Conjunções planetárias ao Nódulo Norte estimulam o indivíduo a deixar seu passado para trás. Ao invés disso, ele aprenderá uma

87

nova lição cármica na vida atual. Quando mais jovem, tende a desperdiçar seu Nódulo Norte até que seja capaz de descobrir sua potencialidade latente. Ocasionalmente, ele tenta voltar para seu Nódulo Sul, mas cada vez que o faz, encontra circunstâncias tão intoleráveis que, novamente, escolhe reavaliar as possibilidades do seu Nódulo Norte. Finalmente, ele percebe que está sendo subconscientemente pressionado a avançar para uma experiência unicamente nova.

Recepção Mútua

Quando o planeta regente de qualquer um dos Nódulos está no signo do Nódulo oposto, então o aspecto da recepção mútua deve ser considerado.

Aqui, o passado e o presente estão tão inevitavelmente ligados, que será necessário para o indivíduo recorrer a seu passado a fim de preencher seu presente. Ele não tem que repetir o passado, a menos que as conjunções do planeta ao Nódulo Sul criem pressão para que assim o faça. Contudo, lhe será dada uma forte visão disto e assim ele se lembrará como achar as informações de que precisa para encontrar seu futuro.

Conjunções aos Dois Nódulos

Quando existem planetas em conjunção com ambos os Nódulos, a alma é confrontada com a resolução de um conflito muito poderoso, que não pode ser adiado além da vida atual.

Se o indivíduo é capaz de focalizar nas energias do menos prejudicial ou do mais benéfico planeta então ele pode, gradualmente, construir força suficiente para superar sua suscetibilidade às energias negativas do planeta mais prejudicial. Fazendo isto, ele desenvolve sua alma a ponto de, finalmente, colher benefícios até mesmo da mais maléfica das configurações.

Se um planeta próximo a qualquer Nódulo parece estar retendo-o, ele precisa aprender como sintonizar-se para receber e então expressar as mais refinadas e absolutamente sutis freqüências superiores daquele planeta.

Quadratura aos Nódulos

Planetas que quadram ambos os Nódulos atuam como desordens ao tema central na vida. Eles representam áreas nas quais o indivíduo,

88

em encarnações passadas, permitiu dispersar-se de seu caminho. Agora ele acha estes planetas como desvios no seu caminho para o lar.

Quanto mais quadraturas existem aos Nódulos, mais o indivíduo experimenta frustrações angustiantes que parecem bloqueá-lo de seu propósito. Se as quadraturas são suficientemente poderosas, ele pode gastar tanta energia tentando "arrumá-las" que pode se iludir acreditando que suas quadraturas, ao invés de seus Nódulos, representam sua maior direção. Ele será levado a lições de sacrifício em adição a seu carma específico.

Trígonos ao Nódulo Sul

Planetas que fazem trígonos com o Nódulo Sul oferecem ao indivíduo oportunidades de, simbolicamente, reviver e aperfeiçoar seu passado. As condições através das quais ele pode fazer isto são, geralmente, externas ao ser, mesmo que seu efeito final sobre o ser seja integrá-las interiormente.

Há uma necessidade de se prevenir contra a dissipação, particularmente se o Nódulo Sul está em um signo mutável ou de água. Em alguns casos, o indivíduo precisa aprender o auto-respeito, pois os trígonos o atraem a se esquivar da vida pela porta dos fundos.

Trígonos ao Nódulo Norte

Planetas que fazem trígono com o Nódulo Norte contêm a promessa de uma experiência de vida ricamente recompensada. Oportunidades de vida externa serão harmoniosas com a direção na qual a alma está se movendo. Assim, o indivíduo pode se encontrar progredindo na vida, enquanto, ao mesmo tempo, está avançando suavemente no carma.

Naturalmente, isto indica que energias planetárias não estão sendo excessivamente mal-empregadas a ponto de os benefícios atuarem como malefícios e os malefícios tornarem-se símbolos do próprio inferno.

Assim, não só será mais fácil alcançar a experiência no Nódulo Norte, como o indivíduo também achará seu caminho ajudado por encorajamento externo.

CAPÍTULO VI

DESCRIÇÃO DA CARTA NATAL

A descrição das cartas natais, neste capítulo, foi selecionada a fim de oferecer ao estudante o método gestáltico de interpretação de cartas natais. O horóscopo completo, incluindo os Nódulos, representa uma imagem simbólica da alma integral, como se fosse vista através de sua encarnação atual. Assim, qualquer um dos fatores em conflito dentro da carta natal são ainda harmoniosamente integrados na entidade da alma em exame.

A compreensão completa do horóscopo é muito parecida com o enfiar uma linha na agulha. As fibras soltas na ponta da linha vão em diferentes direções, mas são parte da linha original. Ainda assim, a agulha não pode ser enfiada até que todas as fibras soltas sejam reunidas. Quando a ponta da linha se torna um único ponto, ele se encaixa facilmente no buraco da agulha.

Do mesmo modo, os Nódulos precisam sempre concordar com o resto do horóscopo. Cada configuração planetária é como uma pincelada num quadro: juntas, tornam-se mais que um simples somatório de pinceladas.

Através de estudo cuidadoso de todo o horóscopo torna-se possível colocar todas as fibras soltas da linha e as diversas pinceladas juntas, a fim de que possa emergir a singular razão da vida.

Cartas natais lidas deste modo são interpretadas a nível da alma e, assim, têm infinitamente mais sentido para o indivíduo que, afinal, é muito mais do que seus desejos pessoais, doenças transitórias e frustrações emocionais.

EDGAR CAYCE

Aqui encontramos os Nódulos Peixes/Virgem com o Nódulo Norte na sétima casa em conjunção com Saturno. Esta conjunção é nossa primeira indicação de que o carma e a missão estão em harmonia um com o outro.

91

O Nódulo Sul na primeira casa indica que nesta encarnação a alma não está aqui por si mesma, mas pelo propósito de dedicar a vida em sacrifício (Peixes) a outros (7.ª casa). Isto é confirmado mais adiante pelo maior peso da carta no hemisfério ocidental. Peixes é o signo da consciência cósmica, enquanto Virgem é o signo da consciência finita. O trabalho da vida, aqui, poderia ser de ensinar (Saturno conjunção com Mercúrio) a existência de algo mais (Nódulo Norte em Peixes) que puramente a natureza mecânica (Nódulo Sul em Virgem) através da qual o homem olha para si (1.ª casa).

Para realizar isto, quatro planetas em Peixes seguem o Nódulo Norte, dando à carta natal uma perspectiva mais ampla de compreensão universal. Por ser capaz de sintonizar com as vibrações mentais mais sutis, Cayce teria que ser homem tranqüilo, bondoso, digno e isto é favorecido por Vênus em Peixes.

Em textos iniciais de astrologia comum um Mercúrio em Peixes é designado como mal-localizado com uma inabilidade em cristalizar pensamentos. Quando usado em planos superiores, entretanto, como Cayce inquestionavelmente fez, isto permite um ilimitado fluir de idéias bem como mensagens cósmicas.

Saturno em conjunção com Mercúrio mostra que estas idéias deveriam ser colocadas em uso prático pela humanidade. Com três planetas em Touro, Cayce era uma alma de Vênus/Netuno, o que conta muito para sua boa vontade de colocar sua vida num altar de sacrifício, para que a civilização pudesse dar mais um passo para compreender o que pensava estar além da compreensão.

Plutão, o planeta que rege o desconhecido, bem como a massa pensante, está colocado em sua casa X a da carreira profissional em conjunção com a lua. Esta conjunção é sempre o signo de um indivíduo absolutamente sensitivo. Além disso, a sensibilidade da Lua em Touro está em conjunção com Netuno, o que aumenta ainda mais sua receptividade. Estes três planetas em Touro tornaram Cayce tão sintonizado com forças de outro mundo que ele às vezes achava difícil a vida normal.

O interessante, sempre que falamos de Peixes, é que a mensagem *não é* a mensagem. Muitos no mundo atual, interessados em fenômenos psíquicos e crescimento espiritual, vêem Cayce como um modelo e um exemplo a seguir e, ainda assim, estão seguindo a mensagem errada.

Por seu trabalho ter sido profundo e aparentemente miraculoso, as pessoas tendem a seguir os milagres, ao invés da mensagem que há por trás deles.

Jesus fez milagres para despertar o interesse das pessoas pelo reino dos céus.

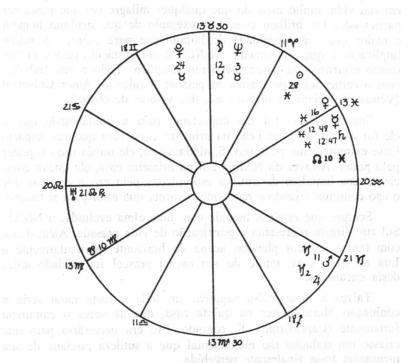

EDGAR CAYCE

18-3-1877

HOPKINSVILLE, KENTUCKY

Aos líderes espirituais sempre foram dados poderes de realização, a fim de atraírem os ouvidos indiferentes do mundo para uma música superior. Com Saturno-Mercúrio e o Nódulo Norte na sétima casa em Peixes, Cayce esteve aqui para ensinar a lição do casamento. Ele viveu para seu casamento e o considerava a coisa mais importante em sua vida, muito mais do que qualquer milagre em que possa ter participado. Ele brilhou como um exemplo de que nenhum homem é maior que sua capacidade de humilhar-se para outro. A maior implicação é que o casamento *NUNCA* é um obstáculo para o crescimento espiritual ou desenvolvimento psíquico. Todo o seu trabalho com o carma foi o de ensinar às pessoas o valor do Amor Universal (Vênus em Peixes na oitava casa, dos valores de outros).

Sua mensagem foi tão importante para a humanidade que a ele foi dado Urano em Leão na primeira casa, para que seu impacto fosse extremamente poderoso. E, ainda assim, ele nunca usou o poder pelo poder. Através do Nódulo Sul na primeira casa, ele estava consciente dos impulsos destrutivos estimulados pelo ego e ensinou que o ego continua criando e recriando o carma que atrai para si mesmo.

Sempre que estamos lidando com uma alma evoluída, o Nódulo Sul em Virgem representa a purificação de vida passada. Além disso, com tantos de seus planetas acima do horizonte, particularmente a Lua na nona casa, muito do seu carma pessoal foi cuidado antes desta encarnação.

Talvez a única coisa negativa em toda a carta natal seria a conjunção Marte-Júpiter na quinta casa, que às vezes o empurrou fortemente (Capricórnio). E, contudo, isto era necessário para que criasse um trabalho tão monumental que a sutileza pisciana de sua mensagem fosse finalmente percebida.

Através do seu Sol em Peixes na oitava casa, ele deu à humanidade um legado de compreensão para que um dia o homem pudesse perceber que todo seu sofrimento é o resultado direto de suas próprias ações.

ROBERT REDFORD

Aqui encontramos o Nódulo Norte em Sagitário na quinta casa, do talento atuante e criativo. No caso de astros de cinema, sempre percebemos como o filme em que estão fascinados em fazer, simbolicamente expressam as energias de sua carta natal. Em "Downhill Racer", Redford representou o papel de um campeão olímpico de esqui, combinando assim a liberdade de seu Nódulo Norte sagitariano com a competitividade de Marte (Marte em conjunção com o Nódulo Norte) o que finalmente lhe deu a Medalha de Ouro. Sagitário é também o signo do jogo, que foi o tema básico de "Golpe de Mestre". Em "Jeremiah Johnson", Redford representou o papel de um homem livre, novamente reiterando o tema sagitariano.

O Nódulo Sul na décima-primeira casa, em Gêmeos, indica vidas passadas de sonhos e desejos de provar os diferentes e variados interesses na vida. Ele veio a esta encarnação com uma curiosidade desenvolvida sobre conhecimentos de todos os tipos. Isto, aliado ao seu Nódulo Norte em Sagitário, em conjunção com Marte, lhe dá agora uma forte sede de vida.

Com todo trígono de fogo bem representado, ele é capaz de emanar pontos de vista entusiasmados que animam os outros; enquanto seu Meio do Céu em Áries lhe dá um forte encanto com platéias jovens, sua Lua em Capricórnio lhe dá igual força junto a pessoas mais velhas. Assim, a esfera de seu magnetismo é muito grande.

Este é um daqueles raros horóscopos que contém um triplo Grande Trígono. O Sol em Leão na primeira casa, o Nódulo Norte na quinta casa, o Meio do Céu em Áries e Urano na décima casa, dão a Redford o tipo de vida na qual o mundo pode literalmente ser sua casa.

Mas se a carta natal é vista em termos dos bons aspectos que contém, o significado da vida de Redford não seria percebido.

O Nódulo Sagitário/Gêmeos sempre indica uma encarnação de um Mensageiro. E, com o Nódulo Norte em Sagitário no decanato de Áries, uma recepção mútua é formada com sua nova casa em Saturno. Isto traz ao carma a mensagem e a missão para dentro do campo da mente superior.

A atual encarnação de Redford está definida de acordo com esta mensagem superior. Ele atingiu enorme sucesso em 1974, quando seus Nódulos foram atravessados pelos Nódulos em trânsito, exatamente quando o "Golpe de Mestre" tornou-se o mais comentado filme do ano. Tudo isto aconteceu enquanto Saturno transitava pela sua décima-segunda casa, indicando que este sucesso lhe estava carmicamente destinado.

Desde os dias de Joe Dimaggio, a América tem perdido heróis com os quais se identificar. Como resultado, o país enfrentou uma inabilidade para identificar-se com o sucesso. A missão de Redford é restaurar a fé no indivíduo (Saturno em Áries na nona casa). E quaisquer caminhos que escolha para fazer (Nódulo Norte na quinta casa em Sagitário), o universo irá cooperar com ele. Além do mais, quanto mais resplandescente sua aproximação (Leão ascendendo, Sol na primeira casa), melhor, já que sua missão cármica é mostrar ao mundo como ganhar!

95

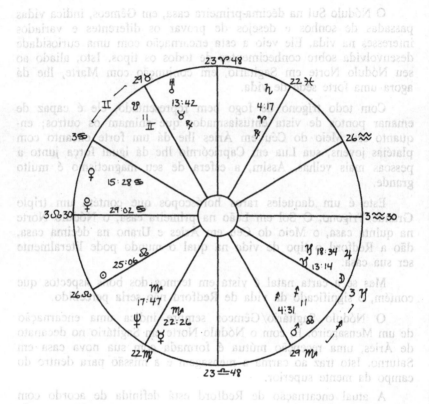

ROBERT REDFORD

18-8-1937

SANTA MONICA, CALIFORNIA

Em cada um de seus filmes ele representa um papel de intensa seriedade para a realização de sua meta pessoal (Lua em Capricórnio, quadratura em Saturno com Áries). Sempre há insuperáveis desigualdades que ele miraculosamente supera. Sua atitude é a de quem nunca esperou perder. Não é por acaso que a carreira de Redford atingiu o topo enquanto o resto do mundo estava nas profundezas da depressão. Ele fica como um símbolo da habilidade do homem de ignorar as situações negativas do mundo em que vive e alcançar o potencial que nasceu com ele.

CHRISTINE JORGENSON

Na carta natal de Christine Jorgenson encontramos os Nódulos Câncer-Capricórnio, que são sempre indicadores de uma modificação no equilíbrio hormonal. O Nódulo Sul em Capricórnio na quarta casa mostra que os primeiros anos de Christine nesta vida foram influenciados pela tentativa de manter padrões de vida passada de dominância masculina. Como Capricórnio indica o papel do pai, haveria muita lembrança da alma de viver de acordo com expectativas masculinas. Quando a maturidade chega, o indivíduo tende a inclinar-se mais para sua décima casa que para sua quarta casa e, fazendo isto, Christine seria confrontada com o Nódulo Norte em Câncer, que é tão peculiarmente feminino. A lua regida por Câncer permite o livre fluir da emoção feminina, enquanto o Nódulo Sul em Capricórnio tem tendência a bloquear o fluir normal da emoção.

Com ambos os Nódulos em signos cardeais, novos começos são aqui indicados. Como Capricórnio é um signo de conclusões (ele rege os portões da morte, através dos quais a alma deixa o corpo) e como Câncer rege o nascimento, podemos ver que esta alma, nesta encarnação, está completando um caminho de vida a fim de começar num novo caminho. Plutão formando uma conjunção com o Nódulo Norte mostra que esta é uma transformação total e é o primeiro indicador de que esta seria de natureza sexual. O próprio Nódulo Norte está no decanato de Escorpião em Câncer, o que novamente aponta a sexualidade como o veículo da regeneração.

A missão na vida, como indica Saturno, também cai em Escorpião, mas aqui é símbolo de mais do que uma transformação sexual. Com Saturno situado na terceira casa e Plutão na décima, esta mudança não apenas seria monumental mas o impacto total dele teria de ser comunicado às massas. Curiosamente, Saturno está no decanato canceriano de Escorpião enquanto Plutão e o Nódulo Norte estão na parte escorpiana de Câncer — um tipo de recepção mútua, mostrando que todos os três estão, de fato, trabalhando juntos.

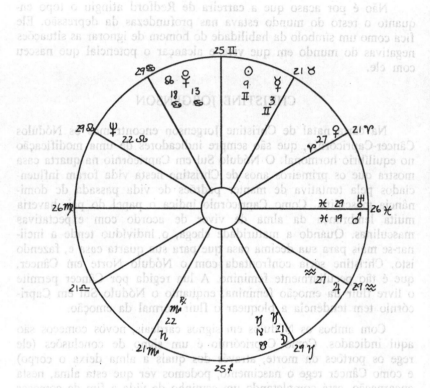

CHRISTINE JORGENSON

30-5-1926

NOVA YORK, NOVA YORK

O restante da carta natal mostra como a alma realizaria esta mudança, tanto quanto como a sociedade reagiria a ela. A oposição lua-Plutão indica que a mudança não seria apenas de natureza pública mas, também, que causaria grande controvérsia. Muitas pessoas fizeram operações de troca de sexo, mas somente Christine Jorgenson foi designada como a mensageira, demonstrando para uma sociedade confusa que tal mudança não só era possível como também desejável e compatível para todos aqueles que sofriam com sentimentos parecidos.

Para fazer isto, a alma de Christine escolheu nascer como Gêmeos, com o Sol na nona casa e Mercúrio em seu signo regente. É importante perceber aqui, que enquanto Gêmeos era o signo solar necessário para comunicar a idéia, se ele não tivesse se posicionado na nona casa (a da independência de pensamentos e atitudes), a tendência de Gêmeos de ser influenciado por outros poderia ter sido suficientemente forte para evitar completamente tal operação não tradicional.

A conjunção Marte-Urano é também indicativa de mudanças sexuais. Como Marte (sexo) cai na sexta casa, que é tão freqüentemente característica de operações, isto mostra que a sexualidade teria um grande papel no quadro da saúde. Ao mesmo tempo, Urano na sétima casa mostra que Christine deveria mudar totalmente suas idéias a respeito de companheiros no casamento.

Aqui também encontramos a sexualidade salientada, uma vez que Urano cai no decanato Escorpião de Peixes.

Júpiter em Aquário, fazendo trígono com o Meio do Céu, indica boa sorte em viver o que é novo, diferente e singularmente à frente de seu tempo. Como Júpiter é o planeta que nos traz a nossa verdade e Aquário é o signo sempre altamente individualista, Christine deveria ir além das normas da sociedade para atingir sua própria sabedoria superior.

Vênus em Áries na oitava casa mostra novos começos na área do amor e sexo, tanto quanto indica especificamente um novo começo em viver o princípio feminino.

A Lua em Capricórnio, que é peculiarmente sensível à mais leve vibração negativa, torna-se uma poderosa força regenerativa aqui, uma vez que ajuda a completar a quadratura em T de Vênus com ambos os Nódulos. Profundas reações emocionais interiores na infância causariam tanto desconforto, que Christine seria forçada a fazer um novo começo pelo ponto da quadratura em T, que cai na oitava casa (renascimento sexual).

Houve um incentivo maior para fazer isto através. do trígono Netuno-Vênus da décima-primeira casa para a oitava, o que deveria ter levado a sonhos de como deveria ser uma mulher.

Nós podemos ver que toda a carta natal coopera com os Nódulos para que a Alma possa ter os incentivos e oportunidades de realizar seu carma.

MARTIN LUTHER KING

Na carta natal de Martin Luther King encontramos os Nódulos Touro-Escorpião. Aqui, o carma da alma é afastar-se do passado de violência de Escorpião para a paz de Touro regido por Vênus. O Nódulo Sul na sétima casa indica que em encarnações passadas esta alma deve ter sofrido por impulsos destrutivos de outros. Nesta vida, houve uma identificação a ser feita com a construção do Ser (Touro na primeira casa) e de uma maneira sólida, firme, mas não violenta.

Durante sua vida, entretanto, houve sempre aqueles que se colocaram como seus "conselheiros" (sócios, por assim dizer), que constantemente refletiam seu Nódulo Sul de volta para ele. Em outras palavras, as marchas não-violentas pela paz continuariam se transformando em confusões escorpianas como resultado das idéias de outros.

A sétima casa (que também representa inimigos declarados) cai em Escorpião o que não é nada mais senão um signo aberto. Assim, com seu Nódulo Sul aqui e dois planetas em sua décima-segunda casa, King teve muitos inimigos ocultos. Isto não tanto porque discordavam do que ele estava tentando fazer, uma vez que ele simbolizava um Princípio Universal Cósmico, mas sim pela sua maneira de executá-lo. O Nódulo Norte em Touro tem toda a paciência no mundo e deseja trabalhar em alguma coisa, vagarosamente, enquanto o Nódulo Sul em Escorpião quer revolução "ontem".

Curiosamente, seus Nódulos caem nos dois signos que eram os signos do Sol e da Lua de Gautama Budha, cuja vida representou princípios muito parecidos. Quando vemos fortes semelhanças entre diferentes cartas natais, isto quase sugere que diferentes almas podem ter recebido parte de seus ensinamentos no mesmo lugar.

No caso de Martin Luther King, sua missão de Saturno na oitava casa foi deixar um legado de esperança (Sagitário) por um futuro melhor.

Foram-lhe dadas também as qualidades visionárias de ver isto através de sua Lua em Peixes na décima-primeira casa em conjunção com Vênus. Tradicionalmente, Vênus em Peixes pode ser interpretado como o amor de um monge. No segundo decanato de Peixes (Câncer) torna-se puramente sacrificial, sem procurar ou esperar recompensa pessoal. Este é um dos fatores da carta natal que automaticamente indica uma elevação da polaridade de Touro-Escorpião para níveis mais altos. Por outro lado, haveria muita ganância pessoal no Ascen-

100

dente de Touro e no Nódulo para que a missão do Reverendo King fosse realizada. Como tal, a Lua e Vênus em Peixes, junto com Saturno em Sagitário coloca o estilo de vida fora do plano físico, dando-lhe uma qualidade pura, mentalmente superior.

A quadratura em T de Saturno-Lua-Marte mostra que esta é uma carta natal de enorme poder, com a maior parte dele se manifestando através de Saturno em Sagitário na oitava casa (decanato de Leão), símbolo da morte heróica que chega a inspirar a vida regenerativa no coração dos outros. Este Saturno é também um dos pontos de seu grande trígono Júpiter-Netuno-Saturno, indicando o quanto sua vida, bem como sua morte, seriam influenciadas por circunstâncias externas.

Em sua quinta casa da criatividade, encontramos Netuno em Virgem, formando um trígono, fora de signo, com Saturno em Sagitário. Primeiro, a tríade Saturno-Netuno indica que esta era para ser uma encarnação muito importante para ele; e segundo, o trígono Netuno em Virgem era para ajudá-lo a criar o sonho de um ideal. Ele deixaria uma impressão de que, se um homem pode acreditar em algo (Netuno) pode trabalhar (Saturno) para que isto se torne verdade.

Júpiter na décima-segunda casa é sempre encontrado nas cartas natais daquelas almas que já receberam os ensinamentos interiores nos níveis mais elevados. Eles vêm a esta vida com um profundo senso interior de sabedoria e justiça.

Plutão na terceira casa indica a habilidade para ser um comunicador dinâmico, alcançando pessoas no nível do subconsciente, onde as emoções rudes (Câncer) estão em seu estado bruto. Para que toda a missão fosse completada, o resto da carta natal teria que mostrar alcance de visão, perspectiva e equilíbrio. A oposição Marte-Saturno fala sobre os antigos ensinamentos do passado (Saturno em Sagitário, o signo da filosofia, na casa da herança) assim como o que deveria ter sido feito sobre o futuro (Marte em Gêmeos em conjunção com o Ascendente da carta natal dos Estados Unidos).

Esta oposição Saturno-Marte fala também como alcançar o equilíbrio entre a impaciência da juventude (Marte) e a sabedoria da maturidade (Saturno). A colocação cai na segunda e oitava casas, valores pessoais em oposição aos valores de outros. Marte tradicionalmente torna-se um cruzado quando posicionado em Gêmeos ou Aquário e aqui nós encontramos o Mercúrio aquariano em recepção mútua com Marte em Gêmeos. Além disto, eles estão em trígono, dando ao Reverendo King um canal livre para expressar sua mensagem para o futuro (Mercúrio em Aquário na décima casa), através das ações verbais (Marte em Gêmeos na segunda casa, de valores).

Urano em Áries na décima-segunda casa trouxe-lhe a consciência de um novo começo, com seu Sol em Capricórnio, ele dedicaria

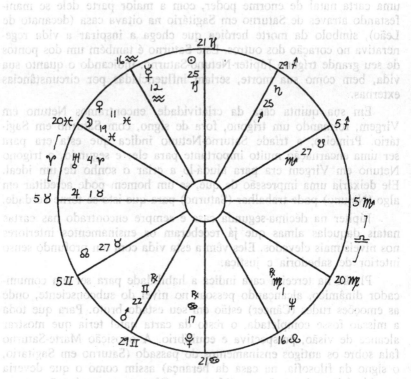

MARTIN LUTHER KING

15-1-1929

ATLANTA, GEORGIA

sua vida inteira a este propósito. Desde que a lua rege a memória e seu Mercúrio (o planeta através do qual a mensagem chega) forma conjunção com a lua da América em Aquário, podemos ter certeza de que mesmo que às vezes possa não parecer assim, sua mensagem iria, inquestionavelmente, ser bem lembrada.

Voltando ao nível da alma e seu Nódulo Norte em Touro na primeira casa, esta encarnação foi para ele construir, em pensamentos, os princípios do amor criativo e da harmonia. Certamente, esta foi uma mensagem esquecida do passado (Capricórnio), que teve que ser reforçada na consciência humana na hora de sua encarnação.

PARAMAHANSA YOGANANDA

Aqui temos um exemplo de como a carta natal com os Nódulos podem levar a energia a uma forma superior de vida terrena.

O Nódulo Norte em Touro é sempre a indicação de um construtor. Enquanto muitos escolhem aplicar isto fisicamente, Yogananda sintonizou-se com a radiação taurina mais pura do amor criativo. Como um místico (Urano em conjunção com o Nódulo Sul em Escorpião) e professor espiritual (Netuno em Gêmeos), ele alcançou o coração dos discípulos por todo o mundo.

É interessante notar que seu caminho de vida como um iogue, que é tão oposto ao estilo de vida norte-americano, também aparece na carta natal. Seu Sol em Capricórnio está em oposição direta ao ao Sol da América, enquanto sua lua em Leão também está em oposição à lua da América, ainda que ambos tenham Saturno em Libra o que indica a missão cármica de instalar tranqüilidade.

O propósito do guru era chegar na América do Norte e plantar novas sementes (Marte em Áries) de desejo espiritual (Júpiter em Áries) em uma terra já tão cheia de egoísmo pessoal.

Lendo a carta natal de um grande místico precisamos ter uma compreensão diferente dos Nódulos pois tal alma teria já transcendido qualquer carma negativo de encarnações passadas. Assim, o Nódulo Sul torna-se a avenida ou canal pelo qual todo o conhecimento e sabedoria do universo aprendida em vidas passadas podem ser postas em prática na encarnação atual.

Yogananda atingiu o ponto de consciência onde podia ver sua vida atual como uma pérola, num colar de pérolas, no círculo da Vida Eterna. Como tal, o Nódulo Sul em Escorpião é visto não como um resíduo a ser eliminado mas como o símbolo de construção de encarnações passadas, sobre o qual o Nódulo Norte em Touro da presente vida foi agora colocado como pedra fundamental.

Através de Urano-Nódulo Sul em conjunção com Escorpião, Yogananda entrou nesta encarnação depois de já ter adquirido os segredos místicos de perspicácia, introvisão, nos mais altos níveis, altamente transmutados de consciência escorpiana.

Através do Nódulo Norte em Touro ele mostrou sua sabedoria com simplicidade, como sempre foi o padrão de grandes professores antes dele. Seu próprio estudo seguiu uma linha de tradição (Sol em Capricórnio) e assim ele introduziu um novo conceito de Deus para o mundo ocidental.

Seu grande trígono Júpiter-Lua-Mercúrio dá especial ênfase em sua Lua em Leão. Mercúrio está no decanato Leão de Sagitário, enquanto Júpiter está no decanato Leão de Áries. A própria lua, que representa a Mãe está posicionada no signo do Pai. Vivendo esta encarnação em um corpo masculino, Yogananda foi guiado para perceber quão importante seria para todos os homens do mundo serem capaz de ver Deus como a Mãe Divina. Ele sabia que isto permitiria ao homem desenvolver a mais elevada sensibilidade para o princípio feminino de que a suave compreensão e amor criativo conquista todas as coisas.

Seu próprio amor era tão grande (Vênus em Sagitário, Nódulo Norte regido por Vênus) que foi impossível guardá-lo para si mesmo. Em 32 anos ele pessoalmente deu seus ensinamentos para mais de 100.000 pessoas.

O materialismo do plano físico, tão comum ao Nódulo Norte em Touro, manifestou-se através de ashrams, de centros de cura e abrigos, que Yogananda fundou. Ele foi guiado a fazer isto para que, muito depois de sua vida física estar terminada, o mundo pudesse ainda sentir o impacto de sua mensagem.

Este horóscopo é um bom exemplo de como a ciência pura da astrologia ainda está no seu começo. Se fôssemos tentar interpretá-lo de acordo com os critérios atualmente aceitos, a leitura seria:

Vênus em Sagitário em oposição a Netuno em Gêmeos mostra inconstância no amor, acrescida de muita perturbação da mente inferior. Mercúrio em sua queda em Sagitário e em trígono com Júpiter em Áries indica tendência a saltar para conclusões e dispersar-se em áreas sem ligação.

A Lua em Leão mostra muito do ego proveniente de uma mãe dominadora. Além disso, é um dos indicadores de alcoolismo excessivo; Marte em conjunção com Júpiter em Áries denota egoísmo, enquanto o Sol em Capricórnio torna toda a carta natal NEGATIVA.

Enquanto cada uma destas afirmações mostrou ser empiricamente verdadeira para um grande número de pessoas, nenhuma única afirmação é exata aqui.

104

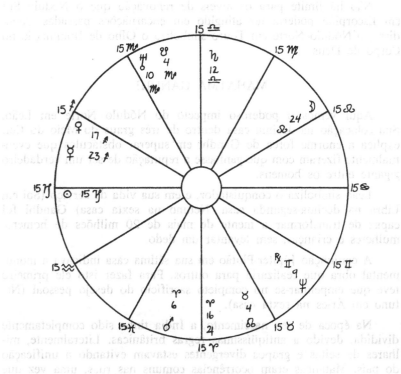

PARAMAHANSA YOGANANDA

5-1-1893

GORAKHPUR, ÍNDIA

Existem almas que evoluíram para uma astrologia superior e Yogananda foi uma delas. Tendo completado seu domínio sobre o Plano Emocional, nenhuma afirmação astrológica baseada na personalidade seria aplicável. Quando o grande místico deixou seu corpo físico pela última vez, observadores notaram que por mais de 20 dias não houve a mais leve indicação de decomposição física. Yogananda tinha dominado também o Plano Físico!

Não há limite para os níveis de renovação que o Nódulo Sul em Escorpião poderia ter atingido em encarnações passadas. Além disso, o Nódulo Norte em Touro simboliza o Olho de Iluminação no Corpo de Deus.

MAHATMA GANDHI

Aqui vemos o poderoso impacto do Nódulo Norte em Leão. Sua colocação na décima casa dentro de três graus do Meio do Céu explica a enorme força de Gandhi em superar obstáculos que eventualmente fizeram com que ganhasse a reputação de ser um verdadeiro gigante entre os homens.

Leão simboliza o conquistador, e em sua vida de serviço (Sol em Libra na décima-segunda casa, Netuno na sexta casa) Gandhi foi capaz de transformar a mente de mais de 20 milhões de homens, mulheres e crianças, sem levantar um dedo.

A conjunção Júpiter-Plutão em sua sétima casa indicava a monumental obra que realizaria para outros. Para fazer isto ele primeiro teve que empenhar-se no completo sacrifício do desejo pessoal (Netuno em Áries na sexta casa).

Na época de seu nascimento, a Índia tinha sido completamente dividida, devido a antiqüíssimas regras britânicas. Literalmente, milhares de seitas e grupos divergentes estavam evitando a unificação do país. Matanças eram ocorrências comuns nas ruas, uma vez que cada facção lutava por sua supremacia. A quarta casa indica os caminhos nos quais cada um vê a terra natal do outro e, com o Nódulo Sul de Gandhi lá, ele veria como o individualismo aquariano, com todas as suas rebeldias a qualquer ordem, estava de fato matando o país que ele amava tão ternamente.

Numa terra que já havia testemunhado tanta violência, que benefício poderia ser alcançado com mais uma aproximação agressiva? Através do seu Sol em Libra, Gandhi escolheu o caminho oposto.

Cedo na vida ele se tornou um advogado próspero de sucesso (Saturno em Sagitário na segunda casa) mas, finalmente, ele não pôde ignorar a grandiosa missão que seria seu destino. Com este mesmo Saturno em Sagitário no decanato Áries do signo, ele lutaria

106

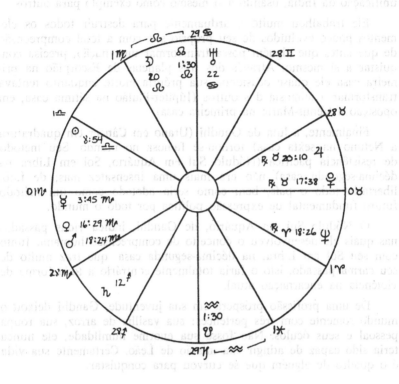

MAHATMA GANDHI

2-10-1869

PORBANDAR, ÍNDIA

pela libertação através da unificação. Sempre dedicado aos princípios de seu Nódulo Norte em Leão, ele lutou para conciliar todas as facções em desarmonia (Libra atormentada pelo Sol).

Nós freqüentemente encontramos alguma evidência do martírio inerente no signo de Leão, e com sua Lua, Nódulo Norte e Meio do Céu lá, Gandhi estava perfeitamente inclinado a tentar sozinho a unificação da Índia, usando a si mesmo como exemplo para outros.

Ele trabalhou muito e arduamente para destruir todos os elementos pouco evoluídos de seu próprio ser, com a total compreensão de que antes que alguém possa transformar uma nação, precisa conquistar a si mesmo. Através dos três planetas de Escorpião na primeira casa ele quase ocasionou sua própria morte enquanto tentava transformar a teimosia dos outros (Júpiter-Plutão na sétima casa, em oposição a Vênus-Marte na primeira casa).

Finalmente, a luta de Gandhi (Urano em Câncer em quadratura a Netuno na sexta casa) tornou-se famosa no mundo. Seu método de resistência pacífica (Nódulo Sul em Aquário, Sol em Libra na décima-segunda casa) não era mais uma insensatez mas, de fato, libertaria todo o país, bem como seria adotado como um método futuro fundamental de expressão política por todo o mundo.

O Nódulo Sul em Aquário, de Gandhi, indica vidas passadas nas quais ele desenvolveu o conceito de compreensão humana. Junto com seu Sol em Libra, na décima-segunda casa, que traz muito de seu carma passado, isto o faria totalmente contrário a toda forma de violência na encarnação atual.

De uma profissão próspera em sua juventude, Gandhi deixou o mundo somente com três pertences: sua vasilha de arroz, sua roupa pessoal e seus óculos. Não fosse sua enorme humildade, ele nunca teria sido capaz de atingir sua missão de Leão. Certamente sua vida é o quadro de alguém que se curvou para conquistar.

ALEGORIA

... E era manhã quando Deus parou diante de suas doze crianças e em cada uma delas plantou a semente da vida humana. Uma por uma, dirigiram-se a Ele para receber sua dádiva.

"Para você, Áries, dou Minha primeira semente, a qual você terá a honra de plantar. E, para cada semente plantada, um milhão de novas sementes se multiplicarão em suas mãos. Você não terá tempo para vê-las crescerem, pois, tudo que plantar criará mais sementes para serem plantadas. Você será o primeiro a penetrar no solo da mente dos homens com Minha Idéia. Mas não é seu trabalho alimentar a Idéia nem questioná-la. Sua vida é ação e a única ação que atribuo a você é começar a tornar os homens cientes de Minha Criação. Para que seja um bom trabalho te dou a virtude do auto-respeito."

Em silêncio, Áries voltou a seu lugar.

"Para você, Touro, eu dou o poder de fazer da semente a substância. Seu trabalho é grande, requerendo paciência, pois você precisa terminar tudo que foi começado ou as sementes serão perdidas ao vento. Você não questionará ou mudará de idéia no meio do caminho, nem dependerá de outros para fazer o que pedi. Para isso lhe dou a dádiva da Força. Use-a com sabedoria."

E Touro voltou a seu lugar.

"Para você, Gêmeos, dou as perguntas sem respostas para que possa trazer a todos a compreensão do que o homem vê a seu redor. Você nunca saberá por que os homens falam ou ouvem, mas em sua procura pela resposta encontrará minha dádiva do conhecimento."

E Gêmeos voltou a seu lugar.

"Para você, Câncer, atribuo a tarefa de ensinar aos homens sobre emoção. Minha Idéia é você causar-lhes risos e lágrimas para que tudo o que vêem e pensem se desenvolva com plenitude interior. Para

109

isto dou-lhe a dádiva da Família, para que sua plenitude possa se multiplicar."

E Câncer voltou a seu lugar.

"Para você, Leão, dou o trabalho de mostrar Minha Criação para o mundo em todo seu esplendor. Mas você precisa tomar cuidado com orgulho e sempre se lembrar de que é Minha Criação, não sua. Pois se você se esquecer disto, os homens irão desprezá-lo. Há muita alegria no trabalho que te dou, se ele for bem feito. Para isso você terá a dádiva da Honra."

E Leão voltou a seu lugar.

"Para você, Virgem, peço uma análise de tudo que o homem tem feito com Minha Criação. Você examinará seus caminhos minuciosamente e os lembrará de seus erros, para que através de você Minha Criação possa ser aperfeiçoada. Para isto dou-lhe a dádiva da Pureza de Pensamento."

E Virgem voltou a seu lugar.

"Para você, Libra, dou a missão de servir, pois o homem deve estar ciente de seu serviço para outros. E, que ele possa aprender a cooperar, bem como ter habilidade de refletir o outro lado de suas ações. Eu colocarei você em todo lugar onde haja discórdia e pelos seus esforços lhe darei a dádiva do Amor."

E Libra voltou a seu lugar.

"Para você, Escorpião, dou uma tarefa muito difícil. Você terá a habilidade de conhecer a mente dos homens mas não permito a você que fale sobre o que aprender. Muitas vezes você será magoado pelo que vê e em sua dor você se afastará de Mim, e se esquecerá de que não sou Eu, mas a perversão de Minha Idéia que está causando sua dor. Você terá tanto do homem, que chegará a conhecê-lo como animal, e lutará tanto com seu instinto animal dentro de si, que perderá seu caminho; mas quando você finalmente voltar a Mim, Escorpião, eu terei para você a suprema dádiva do Propósito."

E Escorpião voltou a seu lugar.

"Sagitário, eu peço a você para fazer os homens rirem, pois no meio das incompreensões de Minha Idéia eles se tornam amargos. Através do riso você dará esperança ao homem e através da esperança voltará seus olhos para Mim. Você tocará muitas vidas, mesmo que só por um momento e conhecerá a impaciência em cada vida que tocar. Para você, Sagitário, eu dou a dádiva da Abundância Infinita que você deve espalhar generosidade suficiente para penetrar cada canto de escuridão e torná-lo iluminado."

E Sagitário voltou a seu lugar.

"De você, Capricórnio, peço o suor de seu rosto, para que possa ensinar os homens a trabalhar. Sua tarefa não é fácil pois você sentirá o trabalho de todos os homens sobre seus ombros; mas para a superação de seus fardos ponho a responsabilidade do homem em suas mãos."

E Capricórnio voltou a seu lugar.

"Para você, Aquário, dou o conceito do futuro para que o homem possa ver outras possibilidades. Você terá a dor da solidão, pois Eu não lhe permito personalizar Meu Amor. Mas para abrir os olhos do homem para novas possibilidades, eu lhe dou a dádiva da Liberdade, para que em sua liberdade possa continuar a servir a humanidade onde quer que seja necessário."

E Aquário voltou a seu lugar.

"Para você, Peixes, eu dou a tarefa mais difícil de todas. Peço-lhe para reunir todas as tristezas do homem e voltá-las para Mim. Suas lágrimas serão Minhas lágrimas. A tristeza que você incorporará e é o efeito da incompreensão do homem a Minha Idéia, mas você lhe dará compaixão para que ele possa tentar novamente. Para esta tarefa, a mais difícil de todas, dou a você a maior dádiva. Você será a única das Minhas doze crianças a Me compreender. Mas esta dádiva de compreensão é para você, Peixes, pois quando você tentar difundi-la ao homem ele não o ouvirá."

E Peixes voltou a seu lugar.

... Então Deus disse: "Cada um de vocês tem uma parte de Minha Idéia. Vocês não podem confundir nenhuma parte de Minha Idéia nem devem desejar trocá-las entre si. Pois cada um de vocês é perfeito, mas vocês não saberão disto até que todos os doze sejam Um. Pois então o todo da Minha Idéia será revelada a cada um."

E as crianças saíram, cada uma determinada a fazer seu trabalho o melhor possível, para que pudessem receber sua dádiva. Mas nenhuma compreendeu inteiramente sua tarefa ou sua dádiva e quando voltaram confusas Deus disse: "Cada uma de vocês acredita que as dádivas dos outros são melhores. Portanto, permitirei que vocês as troquem." Naquele momento cada criança ficou exultante ao considerar todas as possibilidades de sua nova missão.

Mas Deus sorriu quando disse: "Vocês voltarão a Mim muitas vezes pedindo para serem dispensados de sua missão, e cada vez Eu concederei a vocês seus desejos. Vocês irão por incontáveis encarnações antes de completarem a missão original que lhes determinei. Eu lhes dou um tempo incontável para fazê-la, mas somente quando ela estiver feita, vocês poderão estar Comigo."

CONCLUSÃO

As experiências de vida dão tons umas às outras, como a interação de cores de uma tapeçaria delicadamente tecida. Cada pensamento no primeiro plano veio da experiência anterior e voltará novamente para lá. O revestimento de sonhos, idéias e ações parece sem fim e, algumas vezes talvez, sem sentido. Ainda assim, cada um é parte da fibra a partir da qual a linha da vida é fiada.

Quando o homem puder ver e compreender suas idéias, bem como as circunstâncias que ocorrem em sua vida como parte da linha que ele sozinho está fiando começará a desenvolver a substância interna que o torna real exteriormente.

Os Nódulos Lunares ajudam o homem a compreender a natureza de seu objetivo, a razão pela qual ele foi considerado digno de vida. Ao invés de ver a vida como um conjunto de coincidências sem relação, o homem pode manter-se um pouco acima, com o conhecimento de que o que sempre desejou ser, ele já é — e mais.

Tudo o que tem a fazer é se encontrar.

APÊNDICE

POSIÇÕES DO NÓDULO LUNAR NORTE

1850-1899

1 de janeiro de 1850 — 10 de maio de 1851	Leão
11 de maio de 1851 — 25 de novembro de 1852	Câncer
26 de novembro de 1852 — 16 de junho de 1854	Gêmeos
17 de junho de 1854 — 3 de janeiro de 1856	Touro
4 de janeiro de 1856 — 23 de julho de 1857	Áries
24 de julho de 1857 — 9 de fevereiro de 1859	Peixes
10 de fevereiro de 1859 — 29 de agosto de 1860	Aquário
30 de agosto de 1860 — 18 de março de 1862	Capricórnio
19 de março de 1962 — 6 de outubro de 1863	Sagitário
7 de outubro de 1863 — 25 de abril de 1865	Escorpião
26 de abril de 1865 — 12 de novembro de 1866	Libra
13 de novembro de 1866 — 1 de junho de 1868	Virgem
2 de junho de 1868 — 20 de dezembro de 1869	Leão
21 de dezembro de 1869 — 9 de julho de 1871	Câncer
10 de julho de 1871 — 25 de janeiro de 1873	Gêmeos
26 de janeiro de 1873 — 15 de agosto de 1874	Touro
16 de agosto de 1874 — 3 de março de 1876	Áries
4 de março de 1876 — 21 de setembro de 1877	Peixes
22 de setembro de 1877 — 10 de abril de 1879	Aquário
11 de abril de 1879 — 28 de outubro de 1880	Capricórnio
29 de outubro de 1880 — 17 de maio de 1882	Sagitário
18 de maio de 1882 — 5 de dezembro de 1883	Escorpião
6 de dezembro de 1883 — 24 de junho de 1885	Libra
25 de junho de 1885 — 12 de janeiro de 1887	Virgem
13 de janeiro de 1887 — 31 de julho de 1888	Leão
1 de agosto de 1888 — 17 de fevereiro de 1890	Câncer
18 de fevereiro de 1890 — 7 de setembro de 1891	Gêmeos
8 de setembro de 1891 — 26 de março de 1893	Touro
27 de março de 1893 — 13 de outubro de 1894	Áries
14 de outubro de 1894 — 2 de maio de 1896	Peixes
3 de maio de 1896 — 20 de novembro de 1897	Aquário
21 de novembro de 1897 — 9 de junho de 1899	Capricórnio
10 de junho de 1899 — 31 de dezembro de 1899	Sagitário

1900-1949

1 de janeiro de 1900 — 28 de dezembro de 1900	Sagitário
29 de dezembro de 1900 — 17 de julho de 1902	Escorpião
18 de julho de 1902 — 4 de fevereiro de 1904	Libra
5 de fevereiro de 1904 — 23 de agosto de 1905	Virgem
24 de agosto de 1905 — 13 de março de 1907	Leão
14 de março de 1907 — 29 de setembro de 1908	Câncer
30 de setembro de 1908 — 18 de abril de 1910	Gêmeos
19 de abril de 1910 — 7 de novembro de 1911	Touro
8 de novembro de 1911 — 26 de maio de 1913	Áries
27 de maio de 1913 — 13 de dezembro de 1914	Peixes
14 de dezembro de 1914 — 2 de julho de 1916	Aquário
3 de julho de 1916 — 19 de janeiro de 1918	Capricórnio
20 de janeiro de 1918 — 9 de agosto de 1919	Sagitário
10 de agosto de 1919 — 26 de fevereiro de 1921	Escorpião
27 de fevereiro de 1921 — 15 de setembro de 1922	Libra
16 de setembro de 1922 — 4 de abril de 1924	Virgem
5 de abril de 1924 — 22 de outubro de 1925	Leão
23 de outubro de 1925 — 12 de maio de 1927	Câncer
13 de maio de 1927 — 28 de novembro de 1928	Gêmeos
29 de novembro de 1928 — 18 de junho de 1930	Touro
19 de junho de 1930 — 6 de janeiro de 1932	Áries
7 de janeiro de 1932 — 25 de julho de 1933	Peixes
26 de julho de 1933 — 12 de fevereiro de 1935	Aquário
13 de fevereiro de 1935 — 1 de setembro de 1936	Capricórnio
2 de setembro de 1936 — 21 de março de 1938	Sagitário
22 de março de 1938 — 9 de outubro de 1939	Escorpião
10 de outubro de 1939 — 27 de abril de 1941	Libra
28 de abril de 1941 — 15 de novembro de 1942	Virgem
16 de novembro de 1942 — 3 de junho de 1944	Leão
4 de junho de 1944 — 23 de dezembro de 1945	Câncer
24 de dezembro de 1945 — 11 de julho de 1947	Gêmeos
12 de julho de 1947 — 28 de janeiro de 1949	Touro
29 de janeiro de 1949 — 31 de dezembro de 1949	Áries

1950-1999

1 de janeiro de 1950 — 17 de agosto de 1950	Áries
18 de agosto de 1950 — 7 de março de 1952	Peixes
8 de março de 1952 — 2 de outubro de 1953	Aquário
3 de outubro de 1953 — 12 de abril de 1955	Capricórnio
13 de abril de 1955 — 4 de novembro de 1956	Sagitário
5 de novembro de 1956 — 21 de março de 1958	Escorpião
22 de março de 1958 — 8 de dezembro de 1959	Libra
9 de dezembro de 1959 — 3 de julho de 1961	Virgem

4 de julho de 1961 — 13 de janeiro de 1963	Leão
14 de janeiro de 1963 — 5 de agosto de 1964	Câncer
6 de agosto de 1964 — 21 de fevereiro de 1966	Gêmeos
22 de fevereiro de 1966 — 10 de setembro de 1967	Touro
11 de setembro de 1967 — 3 de abril de 1969	Áries
4 de abril de 1969 — 15 de outubro de 1970	Peixes
16 de outubro de 1970 — 5 de maio de 1972	Aquário
6 de maio de 1972 — 22 de novembro de 1973	Capricórnio
23 de novembro de 1973 — 12 de junho de 1975	Sagitário
13 de junho de 1975 — 29 de dezembro de 1976	Escorpião
30 de dezembro de 1976 — 19 de julho de 1978	Libra
20 de julho de 1978 — 5 de fevereiro de 1980	Virgem
6 de fevereiro de 1980 — 25 de agosto de 1981	Leão
26 de agosto de 1981 — 14 de março de 1983	Câncer
15 de março de 1983 — 1 de outubro de 1984	Gêmeos
2 de outubro de 1984 — 20 de abril de 1986	Touro
21 de abril de 1986 — 8 de novembro de 1987	Áries
9 de novembro de 1987 — 28 de maio de 1989	Peixes
29 de maio de 1989 — 15 de dezembro de 1990	Aquário
16 de dezembro de 1990 — 4 de julho de 1992	Capricórnio
5 de julho de 1992 — 21 de janeiro de 1994	Sagitário
22 de janeiro de 1994 — 11 de agosto de 1995	Escorpião
12 de agosto de 1995 — 27 de fevereiro de 1997	Libra
28 de fevereiro de 1997 — 17 de setembro de 1998	Virgem
18 de setembro de 1998 — 31 de dezembro de 1999	Leão

4 de julho de 1961 — 13 de janeiro de 1963	Leão
14 de janeiro de 1963 — 5 de agosto de 1964	Câncer
6 de agosto de 1964 — 21 de fevereiro de 1966	Gêmeos
22 de fevereiro de 1966 — 10 de setembro de 1967	Touro
11 de setembro de 1967 — 3 de abril de 1969	Áries
4 de abril de 1969 — 15 de outubro de 1970	Peixes
16 de outubro de 1970 — 5 de maio de 1972	Aquário
6 de maio de 1972 — 22 de novembro de 1973	Capricórnio
23 de novembro de 1973 — 12 de junho de 1975	Sagitário
13 de junho de 1975 — 29 de dezembro de 1976	Escorpião
30 de dezembro de 1976 — 19 de julho de 1978	Libra
20 de julho de 1978 — 5 de fevereiro de 1980	Virgem
6 de fevereiro de 1980 — 25 de agosto de 1981	Leão
26 de agosto de 1981 — 14 de março de 1983	Câncer
15 de março de 1983 — 1 de outubro de 1984	Gêmeos
2 de outubro de 1984 — 20 de abril de 1986	Touro
21 de abril de 1986 — 8 de novembro de 1987	Áries
9 de novembro de 1987 — 28 de maio de 1989	Peixes
29 de maio de 1989 — 15 de dezembro de 1990	Aquário
16 de dezembro de 1990 — 4 de julho de 1992	Capricórnio
5 de julho de 1992 — 21 de janeiro de 1994	Sagitário
22 de janeiro de 1994 — 11 de agosto de 1995	Escorpião
12 de agosto de 1995 — 27 de fevereiro de 1997	Libra
28 de fevereiro de 1997 — 17 de setembro de 1998	Virgem
18 de setembro de 1998 — 31 de dezembro de 1999	Leão

www.gruposummus.com.br